打開天窗 敢說亮話

INSPIRATION

天窗出版

在地上遇見天使

黃翠如　著

目錄

聖地牙哥

提華納

西伯利亞

莫斯科

基輔

布加勒斯特

烏蘭巴托

北京

香港

提華納

夏灣拿

牙買加

8 回到那些年·幸福
（墨西哥→古巴）

9 下輩子做烏龜·發夢
（牙買加→厄瓜多爾）

巨龜島

基多

亞馬遜
最大城市
Iquitos

古城
Cuzco

12 戀上外星人·復活
（秘魯→復活島）

復活島

里約熱內盧

摩洛哥

里約熱內盧

喀拉哈里保育區

嘉波隆里

開普敦

布宜諾斯艾利斯

亞的斯亞貝巴

埃塞俄比亞
內陸 Jinka

「一個人至少擁有一個夢想，

有一個理由去堅強。

心若沒有棲息的地方，

到哪裡都是在流浪。」

—三毛（1943—1991）

這本書是人的

對不起。你手上這一本書，並不是一本旅遊指南，它不會教你用多少錢多少個月遊世界一圈。

更對不起。不是一本人物傳記或情深散文集，所以高質相片欠奉。

它卻是一本真實的書，承載我的遊歷時刻，與那些深深烙印在我心底的事與人。

我總是跟別人說，我的前半生是做旅遊。說「做旅遊」，說得好像自己是富二代、像闊太、像吊兒郎當游手好閒貪威識食等等，然而，從我畢業成為旅遊主持開始，每一段在我腦海中不斷迴響的旅遊回憶，雖然經歷總是有點奇怪，卻為我人生帶來很多苦中一點甜。

記得第一場「旅遊體驗」，是小時候由廉租屋搬到政府的 Y 形公屋，從二樓搬上二十七樓。我望出窗外，發現這個世界很闊很大，自覺已經遊歷了世界。直到有一天，鄰居的鐵閘裝上了一條大鎖鏈，媽媽告訴我那一家人去了旅遊。那時開始，我發現我的世界不夠大，我日夜期盼，我家的鐵閘有天也套上鎖鏈。

故事

十六歲，夢想成真。第一次坐飛機，是得了一個獎學金去英國讀一個暑期課程。上機前，爸爸媽媽陪伴我到達機場，那一次也是我們一家人第一次參觀機場。爸爸害怕別人看不起他的女兒，入閘前，把七千大元塞進我的手中，然後叫我好好看世界。那個十六歲的大鄉里，緊握著錢跟同學一起上飛機，未見過世面，連安全帶也要空姐幫我繫上，又怕不知道怎樣操作空中廁所而出醜，大小二便最終忍了十三個小時。然而，那也是我的青春裡、最快樂的十三小時。我清楚記得，隔著一排排座椅遠望那個小窗，親眼目睹飛機升上天空的畫面，還有那白白的雲層，我很快樂，我覺得自己上了天堂。原來，世界這麼大。

時至今日，我仍然心存感恩，成為一個旅遊主持，藉著工作用眼睛用心去感受天地之高，世界之大。我甚至發現，每當飛上天空，我反而有種腳踏實地的安全感，彷彿那個天、那個地、那些人總會好好守護著我。全世界196個國家，我膚淺地踏足了三分一。現在回想，這些國家有甚麼明媚風光、玩樂場所、購物勝地、佳餚美酒……等等「旅遊指南系列」的記憶，都已模糊；那些人，那些牽動我情緒的人，在我往後的日子，總會突如其來在我腦海閃過，然後我心中會輕輕地問：你們還活著嗎？還好嗎？吃得飽嗎？快樂嗎？找到生存的權利嗎？

旅遊吸引我的，是人的故事，也是這些人給我的生命充滿了故事。這些故事，仍然影響著我及後的人生，我的選擇，和我的夢。

這一本書，是多年前的記憶，要推出這一本書，原因只有一個，是希望拿著書的你，從我的遊歷、我的文字中找到屬於你的一點愛，一點溫暖。

翠如

2023年6月

（北京→西伯利亞列車）

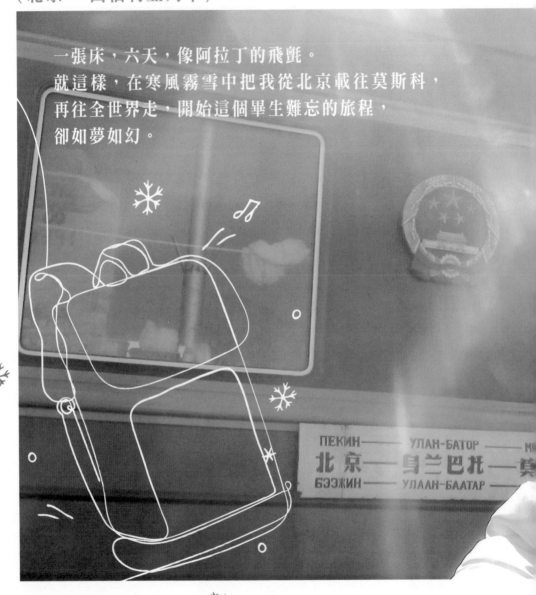

一張床，六天，像阿拉丁的飛氈。
就這樣，在寒風霧雪中把我從北京載往莫斯科，
再往全世界走，開始這個畢生難忘的旅程，
卻如夢如幻。

ПЕКИН —— УЛАН-БАТОР —— М
北京 —— 烏兰巴扎 —— 莫
БЭЭЖИН —— УЛААН-БААТАР —— 莫

一張床的旅程‧開始

夢幻列車

與西伯利亞鐵路列車首次見面

一直想找個藉口，坐一次全世界最長的西伯利亞鐵路列車。但聽很多人說，要坐車，先要給人當「水魚」。

在香港問了很多旅行社，家家開的票價都不一樣——一張四人房票，開價由三千多到九千不等。然而，聽說真實的價錢只是約二千元。為了不做「水魚」，跟同伴直飛到北京碰運氣，結果我們用了五千元買了張二人房票，暗暗歡喜。

那個早上，我們到達了火車站。西伯利亞鐵路列車有兩條傳統支線，我選擇的K3線，由北京到蒙古，再到西伯利亞，終點站是莫斯科。

跟我們一起排隊的，大多是搬著一袋袋貨物的中國賣家，也有些有趣的人群，如幾位一邊喝酒一邊抬著十多公斤二窩頭上車的半醉大叔，又如幾位劇臭無比的外國背包遊俠。當然我歧視他們的那一刻，我還未估到，接著六天的火車程裡，我也變成一個臭俠。

同伴暗罵著我把這鐵路之旅想得太浪漫之際，長而綠的夢幻列車在晨光中駛進月台，我們不約而同屏息靜氣，因為這「青蛇」真身實在迷人。車卡隊長收了我們的票，把我們送到一個小卡，裡面只有一張上下床和一張小桌。給了我們兩張餐票，隊長就叮囑說：「六天火車程只免費供應一餐飯，你們現在也不去餐卡吃，就沒飯吃啊！」被隊長嚇倒，我們馬上跑到餐卡，找了兩個位置，餐務員送來冷冷的青菜和硬硬的飯。我們隨便把飯扒入肚裡，就衝到車尾見證夢幻列車起行，向世界紀錄進發。

返回我們的小卡途中，又碰見二窩頭大叔們在互灌著酒，外國背包遊俠就分散各卡，但都不約而同在喝著啤酒。其中一個遊俠說：「酒多一點，時間快一點，列車浪漫點。」

那天晚上，列車要換軌 ，駛進接壤蒙古國的邊境城市二連，隊長叮囑我們下車買糧食。我們到了關口的小賣店買了二十個杯麵，一點小吃，和兩罐啤酒。我把啤酒放在床邊，跟同伴說：「祈求到達終站的一刻，酒還是沒動過。」

參見 大隊長

一覺睡醒，「青蛇美人」已經在蒙古境上爬行。走出自己的小卡，發現很多旅客和我一樣，牙也不刷、睡衣也不換就站在窗旁，因為大家都被窗外美艷的雪境吸去了靈魂。

第二天睡醒的美景

把我靈魂叫回來的，就是不停給我叮囑的卡車隊長。「小妹，睡得好嗎？」我回答：「從未如此好過，車走動著，床變成搖籃，我睡死了，幸好這外蒙美境把我拉回人間。」隊長看一看雪境，「普通吧，我看膩了。」我以為他在說笑，怎料他認真地告訴

每次去完廁所必定跑到車尾觀察沖廁的軌跡

我，他當了三十年卡車員，一年最少來回十二次，也就是說，他在這世界最長的列車上見證了最少三百六十回。我衷心的說：「大隊長真屬害，別人一輩子祈求坐一次西伯利亞列車，你嘗了別人三百六十世心願。」隊長又衷心回答：「哈哈哈，那我用三百六十世心願，換一世安定腳著地吧。」

說不過大隊長，他又著我快去清潔。其實在列車上也沒有甚麼好清潔，小廁所的的水流得像龜慢慢爬，別幻想要洗澡洗頭或洗臉，連刷牙漱口也要用上一段時間儲一杯水；去「方便」倒真方便，馬桶就是一個洞，

「方便」完，腳一踏，東西都跑到路軌上，只是屁股總會被湧進來的雪氣冷一冷。有一次，我跟同伴方便完，急急跑到車尾尋找「便便」在路軌上的蹤跡，然後跟大隊長說，「這個廁所最好玩」。

那天中午，我們經過餐卡，發現已換上蒙古卡，正聊天中的蒙古人好像不是太歡迎我們這些漢人，其中一個蒙古女人還叫我們快快離開。接下來的一個下午，比較願意跟我們交朋友的，還是那班外國背包遊俠，其中的日本人Carson告訴我們，住他同卡的巴西男孩病倒了，我走進他們的小卡，遍地空酒樽，食物卻沒甚麼，不病才怪。連忙把我們的杯麵和罐頭給了他們一點，又帶來了一卷線，在他們當中選一條毛腿，表演我的絕學——中國線面。一群臭臭的外國旅俠把我圍著，像在看街頭賣藝般。

隊長取笑我：「把你困在山洞，你也可以跟老虎過日子吧。今天開始，你幫我娛樂乘客吧。」

我回答：「大隊長，收到！」

在大隊長的指令下，我很快結交了一群臭俠好友。

我在火車上的小空間

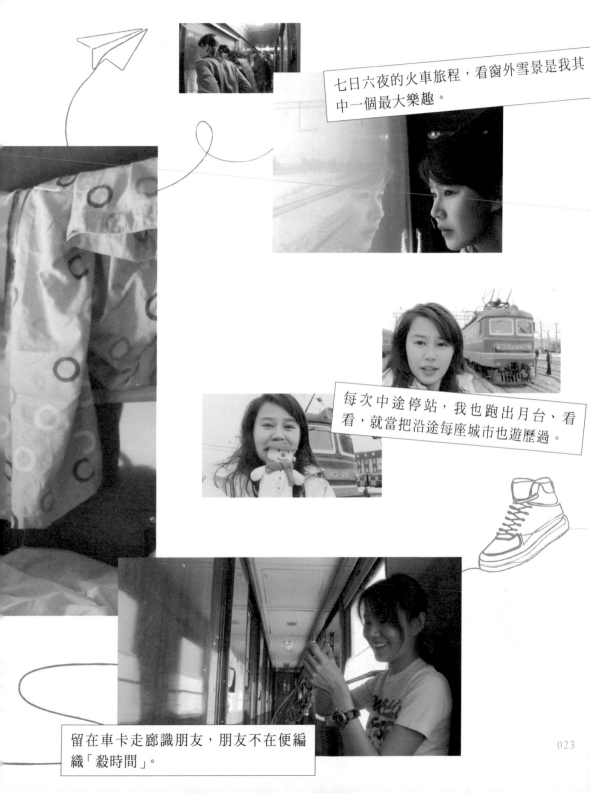

七日六夜的火車旅程，看窗外雪景是我其中一個最大樂趣。

每次中途停站，我也跑出月台、看看，就當把沿途每座城市也遊歷過。

留在車卡走廊識朋友，朋友不在便編織「殺時間」。

火車上遇到的

在車上遇上了幾位天使。

第一位天使，我稱呼他是廚部天使。有一次我們在列車上來回找娛樂之際，在其中兩車卡之間的加煤處聞到陣陣肉香味，發現原來列車上的宮長們會自己做肉餃子和麵條吃。對於我們兩個已經吃了不知多少餐杯麵的人，就像喪屍遇到新鮮的人類，差點失去理智要偷那小鐵鍋的肉餃來吃。

車務員徐先生走過來，見我們的喪屍眼神也不用問我們做甚麼，便問我們有沒有帶甚麼可以煮的東西。我們在床上翻出鹹蛋和臘腸跑過去，這個徐先生就偷偷的給我做了一個鹹蛋臘腸粥，還說：「千萬不要告訴任何人。」那天我們用洗臉盆盛著粥，把粥悄悄帶回小卡，把門關得緊緊，大口大口的跟同伴把粥全倒進肚。那是我這輩子至今吃過最好味的食物，感激徐天使。

🪶 照顧得我很好的大隊長徐大哥 🪶

第二位天使，當然是經常叮囑我的大隊長。我幾乎每一次見到他，我就是說：「我很臭，不要過來。」有一天，大隊長教我把洗臉盆到熱水器放半盆熱水，再到廁所慢慢等冷水注

三個天使

滿盆。我用一小塊肥皂，把臭蟲也快走出來的頭髮慢慢的洗著，再抹抹身，快樂得差點哭出來。最後，我把廁所弄得水浸。大隊長拿來布和地拖，幫我處理乾淨，又跟我說：「不要告訴任何人，因為熱水會不夠用的。」直至我到達莫斯科，大隊長還是不告訴我他的名字，只是說他有一個很像我的女兒。

第三位天使，並沒有對我有任何恩惠，但他是一個絕對偉大的天使。他是我在列車上認識的其中一位背包遊俠，他是美國人Mark，原來在美國政府部門任要位，九一一悲劇後他決定離開美國，到日本修讀和平學，也到戰地和落後國家當專業的協助員。畢業前他想遊遊這個傳

心地非常善良的Mark

說中一生人必遊一次的夢幻列車，再探探住在歐洲的親人，然後當起真正的人間天使。後來我從他的facebook得知，他一直留在日本，協助海嘯後痛苦和迷失的日本人，我問他：「不怕輻射嗎？」他回覆：「不要告訴別人，偷偷的告訴你，怕。但沒關係。」

我偷偷的把這三位天使放在心裡，祈求他們活得健康快樂。

日本　　流淚了

火車在到達蒙古的首都烏蘭巴托站時，列車大部分貨客都下車，只餘下很多回鄉探親的，和我們這些遊俠。大隊長說：「過了西伯利亞，全車應該只餘下你們一班背包遊客，那時你每天負責點人數吧。」我問：「你怎麼知道沒有其他人從北京到莫斯科？」大隊長哼了一聲：「除了你們這些玩樂的，有誰會用這樣多日子，付這麼多錢坐火車從中國到俄國？」

大隊長料事如神。到第四天，火車上只餘下七人：我跟我的同伴、日本年輕設計師Carson，很善良的美國人Mark，來自新西蘭的思想家Sam，還有住在我旁邊的馬來西亞女強人Dalina和她的英國男友人Desmond。每每在火車上沒有事幹，七遊俠總是聚在餐卡，邊喝酒，邊分享人生遊歷。

🌸 火車旅程第一天便交到的朋友Carson 🌸

有一天，我和同伴，跟住在我旁邊的Dalina和Desmond先到了餐卡，女強人又打開她的智能電話，檢視她的工作電郵。忽然Dalina驚叫了出來：「我的天，日本8.9級大地震，還引發了海嘯！」七遊俠一個一個來到，我把消息告訴他們，大家都嚇得呆掉，但奇怪是，Carson遲遲未出現。基於擔心，我們走到Carson的小卡找他，在

門外叫了很久也沒有反應，於是同伴把門打開，發現地上又是幾個空酒瓶，Carson睡得爛醉。

別無他法，我跟著新聞用力讀出來，他彈了起身，一時之際來不及反應，發呆地看著我們，口中就是說：「我家人住在那附近，那附近……」我著他馬上打電話回家，然後把門關上，站在門外等候。

Carson家中的電話整天都沒有接通，消息傳遍整架列車的耳朵中，大家心中不斷為他禱告，還有他的家人和整個日本。那一天，整列火車特別安靜。

第二天，Carson跑過來，激動地說：「找到家人了，他們都安好！」

消息又再傳遍整架列車，列車又熱鬧起來，但是那熱鬧背後，每個人的表情都比之前複雜了。

離開列車之時，我們誰都沒有問Carson是否馬上飛回日本，只是給他一個好好擁抱。

願愛包圍他，和他的家人。

X_檔案

離開火車前一夜,我們七遊俠像那些小
學雞,聚在一起分享怪異故事,而這些
怪異故事都是和這列車有關的。

🔥 七遊俠分享會 🔥

美國人Mark先說:「你們有沒有發現在
這六天列車程中,我們在時間裡迷失?車程穿越七個時區,我們不知道
時間,每天天黑就睡,天光就醒,肚餓就吃,有時根本不知自己在吃
早餐或午餐。我問過車上的車長,他們人人說的時間都不同,怪異不怪
異?」噓聲四起。

日本的Carson說:「你們都一定知道列車到達伊爾庫茨克時,會經過全
世界最大的淡水湖貝加爾湖,那天早上天未光我已經在等待著,但等了
一整天,別說湖,連水也找不到一小灘,怪異不怪異?」我回答:「那
天每個人也在等待看湖,大隊長指著一大片雪地,告訴我那就是湖。
Carson,還未溶雪,湖當然結冰積雪。」噓聲又四起。

我的鄰居Dalina和Desmond接受不了我們的幼稚,先回他們的卡。

他們走後,新西蘭Sam露出怪笑,說他有一個大家都有興趣的怪異故
事。「你認識你的鄰居嗎?」我回答,「當然,Dalina是馬來西亞人,現

028

有在阿布扎比工作，是一個強悍的女商人呢，而她的丈夫Desmond是英國人。」Sam說，「我也以為他們是夫妻，因為她們言行舉止都像極恩愛夫妻，但有一天，Dalina獨個兒在餐卡打電話給她馬來西亞的丈夫和孩子，我剛好在旁邊。你說怪異不怪異？」大家歡呼聲響起，開始熱烈討論他們兩人的關係。

我當然也感到好奇，只是，我記得前一夜，Dalina獨個兒喝了很多酒，回到她和Desmond的小卡時，她哭得很厲害，即使Desmond怎樣安慰她也沒有幫助。那夜我和我的同伴在她的嚎哭聲中度過。然而第二天早上碰見她，她又像沒有事發生過的跟我風花雪月。

我相信每個列車上的人心裡多少也藏著一點別人眼中的怪異故事。因為六天的火車行程，是浪漫之旅，是經歷之旅，更是人生改變之旅。

餐卡是我們的落腳地

（西伯利亞列車→莫斯科）

冷壞了人心·我愛

走向世界，尋找更多人的味道、人的溫度。
當嘗過他們帶來的甜酸苦辣、冷熱，
與兩者之間的溫度，
我在這旅程的生命才更完整。

尋找_小丑人_

在我小小的旅遊字典，從來沒有「well planning」存在，因為旅遊的快感來自每時每刻變動的驚喜，而「well planning」正是驚喜破壞者。因此，我這一次亂來遊世界的準備，跟我去五日四夜的泰國遊並沒有甚麼差別，基本上買了幾張火車票、幾張機票就啟程了。

我們一行有四個人：喜歡亂來卻又怕死的我、管錢和監督拍攝的班主、剛剛新婚的女導演，以及說自己中了最差頭獎的攝影師。同行的攝影師跟導演問了我幾次：「到底我們要去哪裡？」我說：「等！等運到。」他們以為我在說笑──不！我是認真地等運到的。在 facebook 廣發訊息到世界各地，膽粗粗地徵求 couchsurfing，任何人願意做我免費導遊，或給我借宿一宵，或做我人肉旅遊書的，我就往那裡走。出發前一個月開始，每一夜發出二十多個訊息，三天後陸續有回覆。這就是我在等的「運兒」，邊等邊出發。

🪽 在莫斯科車站等待 Rim 🪽

第一個我等到的「運」，是一名叫 Rim 的莫斯科人。他說他是一個半退休的小丑表演者，單憑「莫斯科馬戲團」這個噱頭，我想也沒多想沒多問，登上火車到莫斯科，尋找小丑人！

到達莫斯科中央火車站，約了Rim在站頭銅像見面，等了十五分鐘，仍未見他的身影，我只好致電給他，而Rim的回覆教我上了真正「驚喜」的第一課。他說：「不好意思，這麼遲才和你討論。我其實是一個需要錢的表演者，假如要跟我見面或住在我的家，請先付上二千美元費用，我才會來接你。」

「這個世界是沒有免費午餐的，你怎會相信在網絡可以找到運氣」，我耳邊有一把咒罵的聲音傳過來。掛了「變面小丑人」的電話，第一個「運」宣告失敗。

小丑家到不了，隊友叫我先找酒店落腳，我一點也不情願地上了的士，口中不停咒罵著命運，明明自覺很型的旅遊方式，沒理由在第一站就這麼失敗。在我左哭右鬧之際，運又回來了，默默在聽的司機，知道我想做梳化客的心那麼強，似乎可憐我這份固執，告訴我他媽媽的家有多一個小房間，容許我一個人去宿一宵。

好！好過無！等隊友到沉悶的酒店放好行李，我便拖著我的大包袱，直踩到莫斯科地道媽媽的家。

莫莫斯科嫲嫲

在莫斯科失落了小丑人這個頭獎，幸好都給我補一個地道媽媽作安慰獎。司機Lex的媽媽Natalie住在莫斯科非常繁忙的中心點，因為整個莫斯科就好像一個肉桂卷，你去東南西北哪一方，要不就順時針的在餅邊轉著走，要不就切餅一樣繞過中心點走，而Natalie的住處就正是每天切餅必經的一點。

到達Natalie家，沒有幻想中繁華城市中心點的感覺，先走進一棟被時光染黃了的舊大廈，再登上一架只可以坐三個人的半手動電梯，Lex說這是戰前產物，大廈地牢還有防空洞的。

接收我的莫斯科嫲嫲

用了三分鐘上到三樓，終於見到Natalie，一位溫文帶微笑而滿頭銀髮的莫斯科胖嫲嫲。嫲嫲對於我這個罕見的瘦黃姑娘有點好奇，我對她也同樣好奇，但她不懂英語，我不懂俄語，我說一句「алло」（你好），她回一句「алло」，就靜了下來。想著要跟嫲嫲好好相處一夜，我請Lex帶我到莫斯科當地菜市場，想親手做一餐飯打動嫲嫲的心。

一起煮飯仔

到了市場，發現規模大得有點像西歐的有錢市集，每隔幾間店舖便站著一個守衛，見我們拿著攝錄機，吩咐我們不可以拍攝，還派三個守衛全程跟著我們。我告訴Lex，我第一次買瓜菜肉買得好像在選購軍火一樣。

嫲嫲很欣賞我的廚藝

晚飯煮給嫲嫲的番茄炒蛋和豬肉炒青椒似乎異常奏效，在兒子和攝製隊離開後，嫲嫲興奮地拿出她自己釀造的士多啤梨酒跟我喝，還從衣櫃中找出一些閃閃飲衫穿起來，邊放唱片邊行貓步，再拉著我跟她一起跳辣舞。

跟著嫲嫲跳跳舞

這夜的莫斯科，一個戰前大廈的小單位，搖身一變成為俄羅斯女人俱樂部，歌舞昇平。

這個莫斯科嫲嫲真鬼馬！

035

《如果·愛》自欺

說過要來莫斯科看小丑人，原先約好的那個壞透小丑人Rim臨時要我付上二千美金水魚費，我就是不服氣，掛斷了他電話。但是來到莫斯科，沒有理由不償償心願，決定自己走出街外找驚喜。

目標馬上鎖定馬戲團，既然路在口邊，便跟街上的行人雞同鴨講，指手畫腳地不停問：「Circus？Circus？」又扮獅子又扮空中飛人，終於來到了Tsvetnoy Boulevard一區，一棟貌似社區中心的建築物。

詢問之下，才發現這不是一個馬戲團，而是一所馬戲學校！

🪶 馬戲學校的每個天才 🪶

以為要打道回府，接待員見我們拿著攝影機，馬上叫了校長出來。錯有錯著，校長以為我們專誠來採訪她鼎鼎大名的馬戲學校，竟說帶我們入內參觀，這就是「貌似記者」的著數之處。

校長用帶點驕傲的眼神把課室門打開，我驚嘆得張開了口，感覺就像進入了陳可辛電影、《如果·愛》的片場——在一個大大的禮堂，剛巧有一個年輕而俊俏的空中飛人在我臉前

小 丑

右邊有數個男孩
在單環單車上頂著波，
右邊有一個女孩在高槓
架上用頭頂著鐵柱。

飛過，左邊有數個男孩

勇闖馬戲學校的蠢材

校長再開第二道門，這裏正上演著人體奧妙展。吊環和單槓上的小男孩
們，把身上的二十八塊肌肉隨著每一組動作跳動，又有幾個小孩把額頭
頂著腳板，在地上滾動。

我們忍不住嘩嘩大叫，而這二十多個小孩卻絲毫沒被影響，跟著自己的
節奏，繼續他們的馬戲團雜技訓練，彷彿正在拍攝一場歌舞巨著，導演
未叫cut前，誰也停不了下來。

臨走前跟校長謝別，也告訴她遺憾見不了小丑人。她說，小丑是馬戲團
的靈魂，因為他會為那些心中有難過的人民尋找快樂靈魂，所以小丑技
術只有最優越的學生才可以學習，也不是隨便可以讓人參觀。

那一刻，我原諒了Rim，因為原來他的使命比借我一宿和帶我四處遊
歷，偉大得多。

莫斯科給我的每種驚喜

在Facebook向莫斯科人廣發
無數英雄帖！

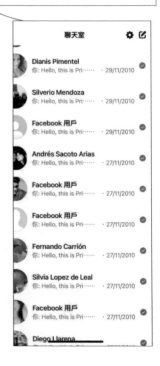

聊天室

Dianis Pimentel
你: Hello, this is Pri······   · 29/11/2010

Silverio Mendoza
你: Hello, this is Pri······   · 29/11/2010

Facebook 用戶
你: Hello, this is Pri······   · 29/11/2010

Andrés Sacoto Arias
你: Hello, this is Pri······   · 27/11/2010

Facebook 用戶
你: Hello, this is Pri······   · 27/11/2010

Facebook 用戶
你: Hello, this is Pri······   · 27/11/2010

Fernando Carrión
你: Hello, this is Pri······   · 27/11/2010

Silvia Lopez de Leal
你: Hello, this is Pri······   · 27/11/2010

Facebook 用戶
你: Hello, this is Pri······   · 27/11/2010

Diego Llarena

我在莫斯科最掛念的人

於我來說，每個地方的人總是比景點吸引。

馬騮遇上

在莫斯科找來一個當地司機Michael帶我和同伴們遊一天，而Michael一出現就令我有一種很不自在的感覺。

平常出外旅遊付錢請一日司機，普遍他們都會給你一個四萬笑容，跟你談笑風生，介紹這介紹那，但這位Michael先生異常cool，不單只一點笑容也沒有，連我見到車窗外有任何美麗景色，興奮地跟他指手畫腳，他也只是淡淡地跟我解說那是甚麼建築物，一句起，兩句止。

遊玩了一個早上，Michael說他需要駕車回家取電話後備電池，好奇心驅使下，我跟上了他的家參觀，竟發現他的家非常大，也算豪華。我馬上發揮香港人精神，了解這個千呎單位的樓價。

他又是淡淡的一句：「前幾天有物業經紀估價，這個物業大約110萬美金。」

我驚叫：「以俄羅斯一個白領月薪大約八百美金，你是大富豪！為何還做司機？」

他說：「我跟你們亞洲人有很多生意合作，但我被騙得多，一生人破產了五次，賺錢於我來說很重要。」

思想家（一）

我帶點怒氣說：「所以你見我是黃皮膚就不跟我笑？」

他沒好氣的回答我：「我們俄羅斯人是思想家，是哲學家，不像你，好像馬騮，看到甚麼也在歡呼在叫。」

「……」

我把嘴巴關上，跟思想家走回車上，叫朋友們不要太多表情，我們要做一群優雅一點的馬騮。

沒有想到，在俄羅斯遇上一個被傷了心靈的思想家，我決定要在餘下的車程令他喜歡上我們這群馬騮，更要令他笑出來！

馬騮遇上

聽說俄羅斯在九十年代初，一美金已經可以做大豪客，因為當時隨便找一家餐廳，一個牛扒餐只收一美金。二〇一一年的今日，這個共產國家一點也不貧窮，香港還未有的歐洲品牌 Topshop 在莫斯科的商業中心開了兩層高的大商店，市區四處也掛滿了各種國際大牌子的大型廣告牌。

我們跟思想家 Michael 提議，中午找一家俄菜館吃飯，Michael 終於兩眼一亮，用帶點興奮的語氣跟我們推介一間位於紅場區附近的餐廳，吃的是莫斯科現在最流行的 buffet lunch，一個價錢吃盡不同俄羅斯菜。見思想家難得歡容，我們當然跟著他的尾巴走。

一進餐廳，環境佈置得有點刻意，桃紅色的牆跟金油漆的天花，還掛滿不少當地色彩的擺設，一看就知，這家餐廳專門做我們這些「水魚」遊客生意的。

所謂的 buffet，五六個俄菜沙拉、兩個湯和一點像糕點的小食，每人收八十港元，非常昂貴。

我帶點嘲諷地跟 Michael 說：「我真的生不逢時，早一點出世、早一點賺錢、早一點來俄羅斯，八十元就可以找一家好一點的餐廳吃得好一點。」

思想家（二）

忽然Michael看一看我的電話，說：「你很窮嗎？莫斯科只有非常有錢的人才用iPhone。你的這個是真的，還是翻版？」

我實在鬥不過思想家，唯有順著說：「當然是翻版的！我們馬騮很厲害，甚麼也會做，否則你怎會選擇跟馬騮做生意！」

Michael忽然哈哈哈哈的笑了出來，很滿意我的反擊，大口地喝著他那碗紅菜湯。

而我很滿意地喝一口我的紅菜湯，怪叫：「真酸！俄羅斯人應該吃多一點甜，就會笑多一點。」

思想家又再一次給我一個「這隻馬騮」的眼神。

電召 莫斯科

在沒有太多準備的情況下到了莫斯科，為了給自己多點安全感，在酒店大堂的旅遊指南櫃檯拿了所有旅遊指南，包括地鐵指南、一日遊指南、美食指南、購物指南等小冊子。

回到房間一一細看，發現有五份大大隻字寫著「Model Agency」的精美小書。心中第一個想法是：難道當地模特兒公司要在遊客區找一點外國人當模特兒？自問沒有模特兒面容更沒有模特兒身形，但現在流行中國風，假如這些agency要找一些平實的面孔，我也有機會殺入俄國！

興奮地打開小書，「let's make your dreams come true! For upscale gentlemen to have high class fabulous young Moscow escorts! We wait your call 24 seven.」忽然夢醒，俄羅斯除了空中飛人、小丑人、芭蕾舞人出名外，貼身年輕導遊可能也是揚威海外的。

不知發了甚麼神經病，竟貪玩地致電了小冊子上其中一個電話，接下來是——Do-do，Do-do，電話接通，傳來一把溫柔的女人聲音，說了幾句單靠語氣有大概估到的意思，在同伴由廁所走出來之際，我馬上掛上電話。

掛線之後，我的心臟跳動得從未如此快，腦中暗罵了自己一句「變態」，再反問自己，剛才那一通電話會否正是sex phone call？那短短的十秒鐘

通話會否有很高昂的收費？會在酒店check out同時收費嗎？同伴會懷疑我做了甚麼壞事嗎？定神過後，再拿起其中一份模特兒小冊子，頁底印了一句「Welcome to the miracle world!」唯有安慰自己，原來我是被這個莫斯科世界的miracle影響才會做出這麼瘋癲的行為。

第二天早上，酒店大堂有兩位打扮得異常惹火的性感俄羅斯尤物，心中忍不住問「昨晚接聽我電話的，難道是她們其中一人？」

心臟又快跳了出來，OH MY GOD！

（莫斯科─►烏克蘭）

需要帶點勇氣踏入這國土。
雖沒有驚心動魄的大計劃，卻需一顆很強大的心，
去感受她殘存的悲傷。
在有點苦的國度，跟著緣分走。

核爆以後．救命

火車 艷遇記

離開莫斯科，乘坐火車到烏克蘭。聽說火車票愈遲買愈平，所以我們提早三天才在網上訂票，卻發現還是正價一千三百多元。

早一小時在中央車站取票機取票，機上操作只有俄文，亂摁也摁不出票，排在後面的太太見我們迷失的樣子，取過我們的護照手起刀落地一一取票。我們當然連番感激這位拔刀相助的女俠。（我們後來知道就是這時填漏了資料，結果相當慘痛。）拿著那張俄文 boarding pass，跟行人指手畫腳，跑來跑去，趕上火車之時，列車剛剛好啟動。

這個十四小時車程的列車，座位全是軟臥式。每一個車卡大概有三十張床，白天把上格床摺起，晚上每人獲分派一套床具，自己鋪床睡覺。我的位置是上格床，下格是一位東歐老伯伯，而同伴們就分散在隔了兩三張床位之遙。跟我同「床」的伯伯，見到異國姑娘坐在旁，似乎很雀躍，把他的沙拉麵包一一跟我分享，又拿出白烈酒、一個小杯，要我跟他兩份喝。

🪶 向基輔進發，每人分派到一張床。🪶

我喝了一口，喉嚨馬上像火燒般。伯伯笑得很開懷，把酒大大口地灌入肚。車程過了兩小時，盤在椅子上的腳背忽然癢癢的，一看，發現老伯伯竟然在摸著我的腳板！這個醉了的鹹濕伯父！我怒瞪了他一眼，並把我的大背包放在我倆中間，而坐在斜對面床的同伴：「你終於有艷遇了！」

遇上了一個很喜歡喝酒的怪老伯

天未入黑，乘客開始打開床架睡覺。百無聊賴，我走到流動廁所，見證我的新陳代謝之物，在摁冲廁掣後直接飛出、掉在火車軌上，再跑回床位跟隊友分享這個百看不厭的奇觀。見大家反應帶點嫌棄，我看一眼還在對著我瞇瞇笑的伯伯，也同時給他一個帶點嫌棄的眼神，便爬上我那張連轉身都不得的小床，擁著我的包袱，呼呼入睡。

大娃娃——邊境小販的熱門商品

晚上十時多，火車走近了邊境停了站，站頭上擠滿了很多小販，他們拿著巨型動物公仔，大氣球和棉褸。但天氣實在太寒冷，大家很冷淡，只有一個大叔用幾十塊買了一隻大馬公仔。二十分鐘過後，火車隊換了烏克蘭的餐卡，就繼續向邊境進發。

烏克蘭 偷渡

烏克蘭邊境的深夜

凌晨一時，火車終於駛進烏克蘭邊境，在我還是熟睡之際，車卡氣氛在不知不覺中嚴肅起來。一隊海關軍人，逐個車卡的檢查旅客旅遊證件，而把我從好夢中拍醒，正是下格床的老伯伯。他嚴肅地指向我的同伴位置，我擦了擦眼睛，發現有幾個海關正在來回檢閱我同伴的護照。

會令我們異常緊張，是因為他們打扮一點不像一般海關。一身迷彩軍服、手持長槍，加上高大身軀和異常嚴肅的表情，像是在戰地打仗的軍人。

我拿著護照走了過去，軍人把我們的護照和車票左看右看，再用很兇惡的語氣質問我們，同車廂中有一個略懂英文的乘客跟我們翻譯說，「Visa！」。我們呆了一下，因為到烏克蘭是免簽證的，所以我們不可能有visa，而乘客又翻譯說我們拿車票的時候填錯資料。

嘗試請那位「臨時翻譯」打救，卻不奏效，軍人經已把我們當成偷渡客，二話不說，把我們幾個的行李

把我們趕下火車的烏國軍人

丟出車廂外。我胡亂地穿了外套，背起背囊，而那位感情異常豐富的伯伯在我臨走之際，拉一拉我的手，帶點同情地拍拍我的手背，彷彿要跟我永別一樣。車廂其他「床客」也帶點奇怪的目光，見證我們難堪地離開車廂。

我半哭著走到火車軌找回我的行李，跟那幾個軍人在刺骨的寒風行過一條泥路，再進入了一間小泥屋。他們把我們安放在一間扣查房，前後七八個人分別走進來，我們又用手語，又畫圖畫，嘗試向他們表達我們的無辜，可惜都毫無用處。很快又多兩個南印度人被拉入來，我們都無助地在小房間等待神蹟。

凌晨四時多，那班軍人又走了進來，又問一堆問題。忽然，我們不知誰說起了「Jackie Chan」，軍人們跟著叫起來，還很興奮地數著中國的功夫影星。沒多久，來了一個懂英文的軍人！終於可以正常溝通，也終於相信我們不是偷渡客。

因為國際巨星成龍，我們成功入境烏克蘭，但巨星救不了的，是那些失去的時間。在冰凍的粉雨清晨，軍人安排我們乘坐小火車前往首都基輔，到埗已是正午時分。

基輔「死城」

千辛萬苦來到了烏克蘭的基輔，目的只有一個：闖入一個真正的「死城」。

一九八六年，毗鄰基輔的切爾諾貝爾核電廠發生核反應堆爆炸，污染後的隔離區達二千六百平方公里（比兩個香港加起來還大一點），橫跨烏克蘭、白俄羅斯和俄羅斯三個國家。輻射的威力比投廣島原子彈的強了四百倍。九千人因災難直接死亡，而因輻射感染導致間接死亡的有二十萬人。當局在核爆第二天早上下令三十萬居民立刻撤離，一瞬間，整個熱鬧的城市變成真正的死城，科學家更認為要九百年後才適合人類定居。

至於我們想闖死城的原因，是因為一直有一些居民誓死不搬離，至今還好端端的活著，而其中一位八十多歲的老婆婆還邀請我到她家。你看到這裡，一定覺得我很勇敢，對不起，我絕對不是。被烏克蘭軍人困在扣查室查問之時，當知道我們想去切爾諾貝爾，他們很驚訝，問我們是否瘋了，是否知道那裡的危險性和長遠的後果。頓時，同行的導演和攝影師也有點生氣，說他們還要命，還想要照顧家人，決不陪我瘋。監督拍攝的班主則說：「假如你仍然想要這個爆炸性的題材，我可以陪著你闖死城。」我想了很久，腦中有兩個聲音，一個告訴我：「去吧！假如闖了死城，黃翠如你就很型呢！回來香港，這個話題可以說足一世了！況且那裡有一位老婆婆等著你呢！」另一個聲音：「假如因為這一決定而患上絕

症，黃翠如你怎樣對得起你父母？將來怎樣生孩子？」就這樣一整天的心靈掙扎，我頭差點要爆了。

人生的抉擇，我想了一個晚上。

結果，在那一夜我向神禱告，假如明天下雪，我就去闖死城！聰明的你應該估到第二天早上的天氣吧，就是這樣，我做了縮頭烏龜。

聽說，那個死城裡，學校的書本還是打開平放在桌上，有些家庭的廚房還正在準備午餐中，那裡的空氣仍然停留在一九八六年的那一刻。我無法親身感受，就連那個婆婆，我也無法見到她了。

現在腦中又有兩個聲音：

「可惜，真可惜……」

「可幸，真可幸……」

慌心彩虹邨

一群無膽匪類來到了烏克蘭首都基輔,最後大家都因為怕死,決定不闖核爆區「死城」,一時之間,心裡感覺很不踏實,不知道千里迢迢來這裡為著甚麼。

我們在烏克蘭的住宿主人
Anastasia

在街上找了輛的士駛往我們在基輔的住處,司機找路找了一個多小時,到達時看見這個網友——一位四十多歲的紅髮太太Anastasia焦急地在等著我們,不停說就是怕我們會迷路。

Anastasia帶我們參觀她的屋村,整個建築設計由外牆到電梯到走廊,都像極未翻新前的彩虹邨。她說她的家一向沒有開放給遊客做Homestay,但她的丈夫在七年前過世,現在與爸媽及弟弟住在這間政府安排的單位,也想賺一點小錢。

進入Anastasia的家,一個八百呎、極簡約的單位。她爸爸媽媽正把客廳的幾張梳發床拉開,說要讓我們在這裡睡兩天,又空出一個小房間給我們女生。我把一點錢放進Anastasia的手中,跟她說是租住費,她帶點尷尬地說了聲謝謝,把錢放在褲袋裏。

由勇闖死城變成閒遊「彩虹邨」,百無聊賴,我們找到村頭一家小餐館吃午飯。跟侍應指手畫腳,扮豬樣又扮雞叫,終於點了一些肉吃。有兩個男人好奇地走過來跟我們聊天,其中一個略懂英語的叫Mick,說他的家

現在變成了一個畫廊，並邀請我們上去參觀。

滿心期待走進Mick的家，發現有一個畫家正在畫畫，是一幅性感美女圖。Mick說他這個朋友是全職畫家，烏克蘭政府很支持藝術，所以免費安排了這個住處給他，而Mick和身邊幾個失業朋友，也借住在這個家，誰找到臨時工，誰就買些吃的，或給畫家屋主買些畫具。

畫家為我們介紹，他正在畫的作品名為「聖母之光」，在網上尋找免費模特兒來他家給他靈感，我認真地看著大畫布上幾個躺著的裸女，就是看不出「聖母」在哪「光」在哪。

沒多久又來了四個男人，帶著啤酒和pizza，說要認識我們這四位遠方而來的朋友，見他們大口大口地喝著啤酒，又拿起結他唱起歌，我心中就是一句「大事不妙」。忽然，Mick走過來擁著我，說要給我畫畫，另一個男人又不知從哪裡掏出一把小軍刀，跟我們的女導演說他是一個「hunter」，要導演做他老婆。我們都慌了，在裝傻笑跟大家載歌載舞，一找到時機就衝出門逃跑了。

回到Anastasia的家，告訴她我們的經歷，她帶點激動地問：「你們國家沒有壞人嗎？三女一男竟膽敢走上一群陌生男人的家！」

回想起來，我們那一刻的確瘋了。

找不到快樂

對烏克蘭這個國家，其實沒有太深入的了解，表面上只是知道她是歐洲面積第二大的國家。然而，單單在基輔彩虹邨住了一天，認識了總是在擔憂的 Anastasia 和村裡的怪人，就直覺地認為這不是一個不太快樂的國家。

其實也有點根據，因為烏克蘭原為蘇聯其中一個加盟共和國，至今大半生都在戰爭革命中度過。到一九九一年真正獨立，以為會有點好日子，又來了大核爆，窮上加苦，生活在這裡，實在要更努力去找讓人笑的理由。

第二天，在 Anastasia 家午飯的時候，發現牆上掛了一個收音機，就像在希特拉的電影中看過的獨裁主義時代產物，收音機沒有按掣，會全日自動中央廣播，細聽下發現它傳出一個男人的低吟朗讀聲，很是嚇人。勸 Anastasia 把怪叫收音機拆了，她卻說共產統治時聽得習慣，有感情了。

離開家到海邊等的士，竟然又碰到那六個彩虹怪傑，他們坐在沙灘旁，拿著啤酒過日晨。我感到好怪，Anastasia 一家不用上班，這班怪人又不用上班，為何一個首都可以有這麼多失業漢。

自欠 國度

上了的士，要司機帶我們到旅遊景點逛逛，到了高速公路，竟然遇上大塞車，五條行車線一起停頓、一起等了一個多小時，所有車動也沒動。有些司機走出車外，在公路上伸展筋骨，或抽煙，或

高速公路上的大等待

走過別的車跟其他司機閒話家常，我看看錶，四點多，還是上班時間。

忽然，像電影《明日之後》那一幕公路戲，站在公路的司機像見到洪水般衝回車，前方有一隊警車經過，然後平民的車龍終於郁動。那一刻的士司機帶點勞氣說：「每星期總有幾天，烏克蘭總統亞努科維奇都會路過，警車會提前封路給總統的車隊過，像皇帝出巡一般，時間就浪費在這等待！」

單從這個皇帝出巡經已令我明白，國民為何不愛笑，也明白為何有這麼多不願意工作的人。而當的士到達第一個景點，天已黑齊，只好原車回家。

（烏克蘭→羅馬尼亞）

童話沒有教懂我們的，是現實。
是命運的現實，是柴米油鹽的現實，
是人和人關係的現實。現實也不是那麼可怕，
因為我們可以選擇去愛。

甚麼是童話・發現

殭 屍 公 主

東歐的最後一站,是羅馬尼亞。

要來這個國家,是因為吸血殭屍。但不要以為我是為了要去看看《吸血殭屍:驚情四百年》這套電影的主人翁,傳聞中「吸血殭屍始祖」——德古拉伯爵——他的原型出沒於羅馬尼亞的城堡。你以為我想拍個照、到此一遊?不,因為這個行程也太沒話題性了。我要到羅馬尼亞,實情是要找德古拉伯爵在世的真正後人,Brianna公主。

話說我怎樣找到這一位傳奇公主?我在facebook廣發「旅遊英雄帖」,有一名羅馬尼亞女子「Princess Brianna」回覆,大致的內容是:「你好,我很有興趣邀請你到我的國家旅遊,但你來之前,我先要跟你作自我介紹,否則我怕我的來頭嚇壞了你。我是一個公眾人物,這個國家的人稱呼我為Princess Brianna,或是Princess。我是德古拉伯爵的後人,也是一個殭屍公主,這裡的媒體對我很有興趣,假如你不怕跟我遊玩時有傳媒偷拍,就來找我吧!」

⚜ 讓人意外的殭屍公主 ⚜
Brianna

收到這個回覆,馬上點看她的大頭相,只是看到四分一個面孔,和一隻眼睛。同事們不停質疑這個「公主」說的是否真話?更深信我正飛去羅馬尼亞找一個瘋婦。

（一）

到了旅館安頓好，馬上打電話給Brianna
公主，電話一直接不上。等了半天，公主
終於在晚飯後回覆，說她才睡醒了不久，
因為她兒子昨夜醉酒鬧事進了警局。（公
主有個醉漢仔？個仔入差館？）我還來不
切反應，她便說要馬上來旅館找我。

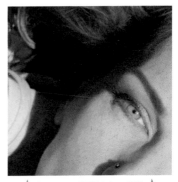

在Facebook看到的Brianna頭像

坐在旅館大堂忐忑地等了三十分鐘。跟
所有女生一樣，我對「公主」的幻想，當
然是迪士尼動畫的公主模樣，或是戴安娜王妃般的高貴美人：穿得雍容
華貴，行得大方得體。突然，一個帶點凌亂紅短髮，很高很瘦的中年女
人，穿著一件超大毛衣，大步大步地進來。跟在她後面的是一對超Rock
打扮加紋身加中年發福的夫妻，還有一個不起眼的中年男人。

靜靜告訴你，假如我有哈利波特的透明毯，那一刻我一定立即把它蓋過
頭。但一切都太遲，我被她發現了，這個紅髮女士還半跑過來熱情地擁
著我。

她，就是我一直期待要見到的德古拉伯爵在世的後人，Brianna公主。

殭屍公主

跟「紅髮太太」、「紋身黑皮褸夫妻」和「不起眼中男」到了附近一家Cafe坐下來——請原諒我的無禮，因為我實在很失望。

我跟Brianna說的第一句話是：「你真是羅馬尼亞公主嗎？」Brianna說：「是的，我是公主，但我不是你所想的童話公主。」那一個「不起眼中男」Cesar說：「你在網上找找吧！Brianna在這裡很出名的，不只是因為她是公主，而是因為她是現代偉大女性，她為弱勢社群出力，為監獄犯人爭取福利，社會很多畸形問題，都是透過她在媒體前一一曝光。」

Brianna的紅髮上忽然多了個天使光環，但膚淺的我，還是想在她身上尋找公主應有的東西。我發現她的紅髮髮根是金色的，她告訴我她天生是金髮，但她不喜歡被定型，便把頭髮剪掉染紅。我問她也不喜歡美麗衣服嗎？因為我留意到她只是穿了一件oversize大毛衣跟襪褲，而她的襪褲還穿了兩個小洞洞。她說她跟法裔前夫分居後，一個人照顧著兒子，沒心思打扮。她雖然是公主，但她是貧窮老公主，之前有軍隊來了，把她家族的地、房屋都充公了，現在還在跟國家打官司。

我嘗試翻查腦中的資料，羅馬尼亞在二次大戰後，落入獨裁者壽西斯古的共產式統治，的確比吸血殭屍更可怕。壽西斯古吸盡國民的一切去建立他的皇宮，到他死了以後，很多國民到現在還在跟國會打官司，爭取

（二）

本應屬於自己的東西。不過萬萬沒想到，壽西斯古竟然把一個金長髮公主搖身一變成紅髮烈士，我跌了眼鏡。

問Brianna公主跟「不起眼中男」Cesar是情侶嗎？她說Cesar選擇太多，因為他是鑽石王老五，他經營運動場，還讓窮困的吉卜賽小朋友免費到他的運動場玩。她倆是在反歧視吉卜賽人活動認識的，「不起眼中男」也多了個天使光環，我又跌多了一副眼鏡。（他們以「羅姆人」自稱，所以近年也漸漸少了「吉卜賽」這個稱呼。）

又發現「紋身黑皮褸夫妻」不怎樣說話，問他們是否累了。他們說才不，一會還要去underground party，問我要一起去感受嗎？我想也沒想便說：「我煙也不吸的！」Brianna說，那是一個很衞生的underground party，她跟George夫妻是在反吸毒活動認識的。他倆曾是癮君子，但現在戒了，還成立反吸毒機構。「紋身黑皮褸夫妻」同時多了個天使光環，我共跌了三副眼鏡。

回到旅館上網搜尋Brianna，還發現她曾到過伊拉克戰地前線考察。我為我的無知、為我的低層次而面紅耳赤起來。

擁有寶石的

在羅馬尼亞的第二天，相約了「殭屍公主」Brianna，到她的好朋友Cesar
經營的運動場見面，目的是想認識真正的吉卜賽人。

對於吉卜賽人，我有一個親身經歷。幾年前在意大利一個大廣場拍照，
忽然有幾個女人衝過來，一手搶走我的相機，轉過身，那幾個女人已經
在街上消失得無影無蹤。我旁邊的一個外國人說：「她們是吉卜賽人，
像魔術師一樣的天生小偷！」從此於我來說，吉卜賽人等於小偷。

而在要來全世界最多吉卜賽人聚居的羅馬尼亞之前，我看到當地一宗新
聞：一個十二歲的吉卜賽少女，在父親勒令下嫁予一個富商。行禮前，
少女狂奔出教堂逃婚。我又對他們多了一份同情，想去了解多一點。

只是早上十點，Cesar的運動場已經堆滿了小孩。孩子們看上去並不全都
是我幻想的北印度樣子，但都擁有迷人的眼睛。

Brianna說他們的祖先是來自北印度，但因為吉卜賽女人的眼睛像晶石一
樣迷人，吸引不同男人娶她們，所以生了很多不同膚色的混血兒。

Cesar運動場的旁邊正是吉卜賽區，我們跟著Brianna走，撲鼻而來是一
股刺鼻的垃圾味，區內遍地都是垃圾堆。有一個女人抱著她的嬰兒走了
過來看看我，我發現這個女人擁有一雙深不見底的藍寶石眼睛，讚美她

吉卜賽人

美麗的吉卜賽媽媽非要讓我看他孩子的眼睛

的話要忍不住了……她把懷中甜睡的嬰兒整個抱直轉向我，用手指揭開他的眼簾，又一雙藍寶石的眼睛，接著嬰兒痛哭起來，而美麗媽媽哀求我們給她一點錢買食物，那一刻我的心很酸。

你說她們窮得沒有錢買食物給孩子嗎？其實又不是。Brianna 說家家戶戶的女人都把錢用來裝了衛星電視，男人就在家門前賭牌過日子。他們把垃圾四處丟，跟別人要錢，過著貧窮線下的生活，全因他們天生擁有隨意而浪漫（懶惰）的性格，他們只會想今天的事，不會為明天負責，這就是吉卜賽人。

離開吉卜賽區時，有一個很標緻的小女孩拖了拖我的手，叫我給她買一杯雪糕。我本想對這奇怪的文化說不，卻被女孩的眼睛迷住，乖乖的給她買了回來。

心想，她們是因為貧窮才建立這個奇怪文化？還是因為這個奇怪文化才會貧窮？又是雞先還是蛋先的問題。

我終於

我在羅馬尼亞紅了。

不是說笑的。話說「殭屍公主」Brianna因為還在跟政府打官司，爭取她應有的貴族財產。落難公主的收入主要靠上電視台做嘉賓，賺取通告費。我們在羅馬尼亞的最後一天，她剛好接了通告，更邀請我去看她做節目。

🕊 羅馬尼亞OTV電視台的化妝間 🕊

來到了這一家OTV的私營電視台，從大廈外觀看起來有點失望，因為它怎樣看也只是一個巨型貨倉。走進去，右邊一個簡陋的化妝間，兩面鏡子，兩張椅子，Brianna坐了下來。她拿出小小的化妝袋，自己在畫著臉。我跟她說香港的化妝間很大，還有一大群化妝髮型師服侍。Brianna說「那你們比一個公主還要幸福」。

我看著她那些不知名的化妝品，又想起我放在家中那些十年也用不完的名牌化妝品，一時之間覺得自己確是比一個公主還要幸福。

化好妝，Brianna說要帶我去見超級強人——OTV的老闆，兼OTV最紅的主持，兼城中最出名的巨型鑽石王老五——Ruff。經過長長的通道，

紅了

遠望一群工作人員相當緊張，團團圍著在服侍一個男人，我想就是那顆鑽石吧。Ruff看起來四十多歲，一副很紳士的面容，正準備主持他電視台最高收視的清談直播節目。聽Brianna說我從李小龍的城市遠道而來，竟叫我一起上直播。

就這樣，在一個一小時的直播節目，Ruff跟Brianna說著他們的羅馬尼亞語，大概說我是來自功夫的故鄉，一個奇怪的旅遊背包客。而我？像吃了老虎膽一樣，胡亂用廣東話自我介紹，再在錄影機前表演九流功夫，還寫了大毛筆字。就這樣，我終於衝出香港的電視界，殺入東歐市場！節目完結的時候，有觀眾來電說很欣賞我呢。

我在羅馬尼亞上電視！

離開之際，Ruff忽然告訴我他擁有白色勞斯萊斯，問我有沒有興趣做他的小女朋友？我的隊友笑了一整個晚上，說我要做一個奇怪電視台老闆的小情人了。離開了羅馬尼亞後，Brianna寫了電郵來，說第二天的地區報紙都在討論我這個異國人，又說Ruff很掛念我這個亞洲女子。

活了這麼多年，我終於知道我的市場在哪裡了！

（羅馬尼亞 → 美國）

我願把我的心分成幾份，
其中一份留在這個城市。
然後，跟相遇相知的你一起尋找快樂的鎖匙。
然後，見證你的餘生都平安健康。

巨人掉下了．心痛

在聖地牙哥

說要跟隊友到聖地牙哥住幾天，他們眼睛都浮出一點點邪惡的神色。我了解，他們的「聖地牙哥」是在香港，連接著「時鐘酒店」、「春宵一刻」。其實，聖地牙哥被稱為「露宿者之城」，而我們進城，是要找一個水男人（Waterman）。

這個水男人，他的名字是Dave Russ。上半生是金融界強人，直至太太忽然過世，他失去人生動力；有一天，一個男人跟他哀求一瓶水，並訴說自己是露宿者。水男人瞬間找到下半生的目標，他辭了職，把所有積蓄買了水，每天到街上派水。

要找水男人，我們直駛去Neil Good Day Center，一所露宿者日間護理中心。一到埗，就見到一位滿頭白髮的老人家，帶著一隻獨眼狗，駛著一架非常殘舊的車，打開車

🕊 聖地牙哥水男人Dave 🕊

尾箱，開始派水。想跟Dave 找個話題，胡亂說起他在YouTube的片比Brad Pitt更爆紅，他不感興趣，只是馬上囑我幫手派水，還要好好記住每個來拿水的露宿者名字。

撲水

以為任務很小兒科，但當要跟露宿者談天，要記住他們的名字、跟他們握手甚至擁抱，心理上還是要過一個關口——怕他們身上的味道、穢跡，也怕會說錯些甚麼。我再留意Dave，每次都是他主動喊叫露宿者的名字，而每個露宿者都把他看作家人，跟他細數家常。有個女人一見到Dave，就擁著他哭，說起她的丈夫不讓她見孩子的痛，而Dave，就是不停安慰她，給她一個緊緊的擁抱。

派水完畢，我向水男人回報，我派了約五十瓶水，但我只記得幾個名字：一個因心臟病被炒，沒錢交租而變露宿者的Michael；一個被丈夫打出街，剛過了生日的Naisy；一個知識很廣博的Richard，投訴水男人給他的書太幼稚，想要一本分子學的書；一個穿著護理學校校服，把錢都交學費而沒錢租屋的學生Karl；還有那個擁著水男人不停哭的女人，叫Sus。

水男人說，他們缺少的不只是水，自從他們睡在街上，他們失去了自身，被遺忘了名字。

入夜後，我驚訝美麗的聖地牙哥，竟然差不多每條較暗的街上都有著三四個打地鋪的露宿者。到底這個仍是全球經濟第一的美國，有多少被遺忘了名字？

請你　　　好好

聖地牙哥的拉霍亞海灘，水天一色。

聖地牙哥最後一天，對美麗得窒息的拉霍亞海灘沒有留戀，對酒店的高速沐浴花灑頭沒有留戀，對齒頰留香的茄汁芝士漢堡包沒有留戀，捨不得的，就是那位總讓我想哭的水男人。

那個早上，Dave開著他的鐵甲車帶我去找露宿者Daisy，給她一個驚喜。我捧著一個蛋糕，Dave說是收集慈善捐獻物時，其中一位善長仁翁送給他的，所以他借花敬佛，決定轉送給剛過生日的Daisy。跟Dave和獨眼小狗在街上找到Daisy，她見到蛋糕，感動得紅了眼，說很久沒有人為她過生日了。

回程上，Dave在堆滿捐獻衣物的後座，找了一頂冷帽，套落我的頭，說是送給我今年的生日禮物。我摸一摸這頂珍貴的小冷帽，也忍不住有一點紅了眼。

我跟Dave回他的家，他的桌上堆滿了政府信件。他說他正努力向政府爭取幾間戶外流動沖涼間給露宿者，讓他們更有尊嚴。假如能夠做到這個任務，將會是他今年最好的生日禮物。

活下去

臨走前，Dave 說他太老了，不懂電話也不懂互聯網，找來了一個地球儀，他用筆在「美國」上寫了個「D」，又找到「香港」，寫了個「P」，然後用一條線把兩點連在一起，說我們已經接通，可以用心互通了。

Dave 不捨地送我走，在家門我沒有回頭看他，因為我不想他看到我流淚的樣子。

我的偶像水男人，謝謝您教懂我甚麼是愛，願您可以好好活下去，過更多簡單而美好的生日。

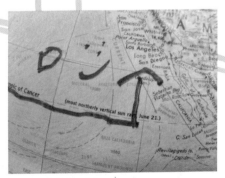

🪶 Dave 把我的「P」和他的「D」寫在地球儀上，彼此牽著一條線。 🪶

（美國 → 墨西哥）

想要一個家。
天高地大卻容不了渺小的我們？
只有在一個個小盒子、穿過窗戶看世界，才有安全感。
卑微一生，他們就是要尋找那份安全感。

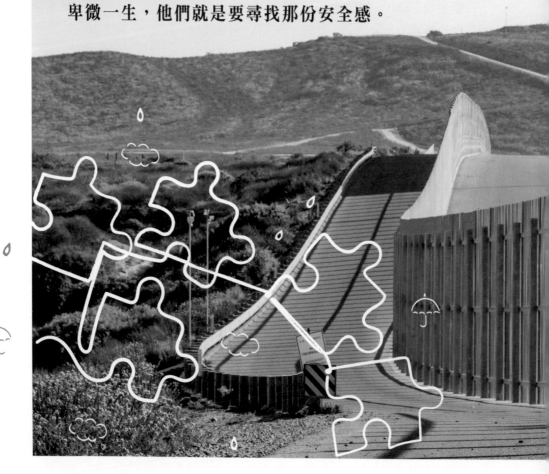

天堂與地獄・迷惘

走過地獄門

從美國到墨西哥,選擇了用腳走過去。

印象中最有趣的過境,是從巴西到阿根廷,那是一條彩色橋,橋的前半是巴西國旗的黃綠色,後半是阿根廷的藍白色。聽說只要一從黃綠色踏進藍白色,在橋上無論發生任何事,另一端的巴西警衛也會當看不見。

🌿 走過美墨邊境 🌿

這一次,過境的方法同樣是要過一條橋,但當我們走到美國邊境時卻發現前方有幾條橋,橋上沒有顏色分辨,沒有海關站崗,更沒有路牌指示。有位美國伯伯見我拿著背包迷惘地站在路邊,走過來相救,說要帶我過境。跟他走上一段斜坡,再進入一道鐵絲網圍著的橋,鐵絲網上掛著上百張通緝犯的照片。

老伯伯故作神秘說:「這是來往天堂和地獄的通道!是墨西哥罪犯偷渡和走私軍火往美國的重要大門,我們若好運的,隨時遇上一兩個通緝犯同行。」眼見身旁一堆又一堆墨西哥婦人拉著大麻袋過路,我又故作神秘跟

伯伯說說:「是啊!我感覺這些女人當中,必定有一個易容的通緝犯,裝著軍火扮運水貨的商人!」

走過鐵絲網橋,到了一個大閘,閘旁站著兩個墨西哥女海關。她們看了一眼,便讓我們通過。過了閘,已身處墨西哥。

我終於知道為何這裡是偷渡聖地!一,我看不見有美國海關。二,沒有人給我們美國離境印。三,沒有人搜查行李。四,沒有墨西哥海關查看我們護照。我問美國伯伯這些問題,他說:「人人也是這樣過關的,不用怕,好好享受提華納(墨西哥邊境城市)這罪惡之城!」他還靜悄悄告訴我,這裡買「偉哥」比美國平一半⋯⋯

直至幾天後,我們在墨西哥機場離境之時,海關人員說我們沒出入境證明,要罰我們每人一百多美金,我仍是不明所以,仍是未解開這些謎。

墨西哥 的

從美國走到墨西哥邊境城市提華納，很有天與地的感覺。雖說美國經濟大不如前，街上多了露宿者，但整個城市仍然很光鮮，也仍有金髮美女駕名車拖名犬，招搖過市。反觀一橋之隔的提華納，充斥著罪惡：走私偷渡娼妓，都是窮人想脫貧之路。尤其是我們一到達提華納，就直駛進貧民窟，打扮比聖地牙哥的露宿者還要污穢。

🔻 與墨西哥家庭一起享受聖誕歡樂 🔻

跟隨美國義工團體到貧民窟為居民起屋，我被安排住進了一個受惠者的家。迎接我的是一個拐著腳的胖爸爸，胖爸爸身後是穿著破爛 T恤的胖媽媽和小女兒。胖爸爸迎接我們時，還一邊拿著梳整理頭髮，被我發現，他帶點不好意思地收起梳。胖爸爸曾是建築工人，一次意外弄壞了腿，失去工作能力，幸得義工團體照顧，在貧民窟為他建了一間木屋，定期給予物資。因此他很感激這個團體，也嘗試好好款待我這個新手「義工」。

在小小的木屋，胖爸爸在地上為我鋪好床，又教我怎樣用他們沒有沖廁功能的儲糞式木廁。吃過午飯，胖爸爸帶我到他們的shopping區，貨物

爸爸

就是賣過又賣的舊東西。胖爸爸說電
視壞了，義工送來的風扇也壞了，希
望將來有能力買一個「新」電器送給
家人。

總是充滿愛的胖爸爸一家

第二天，義工召開一場聖誕聯歡會，
胖爸爸說我昨夜沒吃甚麼，不要走
來走去，他帶著女兒很高興地走去排
隊，拿了一大堆食物回來。我因昨夜太焗熱，想逼自己早早入睡，所以
甚麼也沒吃沒喝。見到他們拿來熱騰騰的麵包，我忍不住，狼吞虎嚥起
來。胖爸爸看著我笑了笑，又突然拿著拐杖，緩慢地走上斜坡，再排隊
抱了幾罐可樂拐回來，珍而重之地放了一罐在我面前，說：「快喝！這
個冰的，很好喝！」我看著那罐汽水，心很酸，也很慚愧。

派對過後，準備跟慈善團體去建屋。上車一刻，見到胖爸爸拐着走過
來，他說要跟我好好握握手，又說會把我們的寶麗來合照貼在家裏，再
趕我上車，說要目送我離開。我從倒後鏡看見他們一家的身影，還在揮
著手，又是一份心痛。我想告訴他，「他們」給我們的，比我們給「他們」
的更多。

墨西哥爸爸珍而重之地把汽水分給我
們，並說要好好目送我離開。

跟隨義工們來到墨西哥貧民窟

用一天建了一間房屋

誰當了 義人

聽說過，只有有錢人才有資格做善事。我不同意，但原來有一些慈事的確是窮人做不了。

好像在美墨邊境的提華納貧民區，有很多家庭的房子，簡陋得可以用火柴盒來形容，一家人就睡在幾塊釘起來的爛木板裡。

而墨西哥爸爸的房子，因為是受惠於義工團體，所以相比鄰里的房子已算是整潔。

要成為這個來自美國的自願慈善組織一員，首先要有財力。義工每人要捐出約一千美金做建築材料費，然後各自購買合適的材料，再安排交通工具運送過境到墨西哥。

🌱 鐵槌・打釘 🌱

在建築地盤正在抬著木板的，是一家建築公司老闆；在屋頂上揉釘的，是一名網絡工程師；在刷油漆的，是一名設計師；坐在泥地上鋪磚的，是一個大機構老闆的太太。雖然算是「身嬌肉貴」，但他們都不錫身，工地上竟沒有一個人戴上安全帽或安全帶。

烈日當空，大家各忙各的，而我的任務，是當各位建築大師的小助手。
有一刻，當我在屋內幫手刷油漆之時，屋頂一塊木板突然掉了下來，我
驚慌跑出了屋外，緊隨是大家的笑聲，和網絡工程師的一句「Bingo！」

又有一刻，到了吃飯時間，當我拿了一支礦
泉水，正倒出水來清潔雙手，其他義工已經
坐在泥地，直接用手吃起墨西哥玉米飯來，
而我，還想找一塊木板墊在地上當櫈坐；再
有一刻，在下午五點時分，太陽把大家都曬

義工一起就地坐著吃午飯

得通紅，而我因為有點中暑、蹲在陰處乘涼之際，我看到他們正在加速
努力，想要在天黑前為一個貧民窟家庭完成一間新屋。

黃昏，義工團體終於完成他們的傑作，並把這個新鮮滾熱辣的房子送給
受惠家庭。一家人忍不住一邊哭泣，一邊捉住大家的手連聲感謝，那天
的夕陽，的確無限好。

原來有些善事，窮人做不了，單是有錢的人也做不了。善意，不止於價
值、善心，也不止於空想要世界變得更美好。

墨西哥騙財記

這次騙財記，不是別人騙我的財，而是我騙別人的財。

話說早在美國行路過墨西哥境之時，竟然沒有海關為我們的護照印上入境證明，當離開提華納，在機場轉機前往墨西哥城之際，墨西哥海關硬說是我們的錯，我們怎樣伸冤也沒用，最終每人罰款一百多美金。帶著股怒氣飛抵墨西哥城，我們也實在窮得要命。想了想，決定把墨西哥國「搶」我們的錢，從她的國民手中賺回來。

我們的賺錢計劃是，首先要找個人流多的地方，賺錢的速度才更快。看看地圖，我很快便選定中央廣場，徒步到達，正值她們的獨立日。人流的確很多，又是佳節情緒，我馬上流露出貪婪的笑容，心想他們的錢在這個時候肯定容易賺，正合我意！

你猜我做甚麼生意？我坐在廣場中心地上，拿起紙筆，大叫著：「Chinese Name！Free!」

一開始是一兩個外國遊客走過來，接著一大群人圍住看熱鬧，彷彿在期待有甚麼驚天演出。我一一細問他們的名字，用紙為他們寫上中文譯名。接著人群愈來愈大，開始一個一個排著

在中央廣場賣藝

太陽、月亮金字塔

隊。而我當然把握時機，用一張紙摺了一個小盒子，同伴一個在整理秩序，一個收貼士，而我就或認真，或隨意，或亂來地為客人們「改名」，例如Jacky可以是「傑克」，也可以是「張學友」或「成龍」。就這樣，一個小時內我們賺了三百元。

若不是廣場的小販管理隊把我們趕走，我真的有信心用半天時間，就把那些海關罰款都賺回來。謝過了各位街坊，我們把小費拿去買巴士票到墨西哥城北部，去參觀迪奧狄華肯古都遺跡的太陽金字塔和月亮金字塔。

坐在金字塔頂，同伴問我，我們算是騙財嗎？我厚著面皮說：「這是文化交流，我把我們中國文化傳給他們，交換這個墨西哥的文化遺產，不拖不欠，不慚不愧。」

不得不說，這世界文化遺產我看得格外津津有味！

（墨西哥──→古巴）

時間軸上，哪一段才是最幸福的時光？
他們不懂我們決意摘星星的野心，
我們不懂他們還在漆黑中看星星的閒心。
我們一邊好奇他們的昔日夢，一邊追趕時間，
才發現，遺忘了幸福。

回到那些年·幸福

黑 夜 古 巴

旅遊家湯荻這樣形容古巴:「集隔絕與開放,頹敗與活力,殖民與革命,浪漫與激情,安靜與歌舞,窘困與尊嚴於一身。」

全世界還剩下的五個共產主義國家:中國、越南、寮國、北韓、古巴,而在我旅遊的心願單中,古巴一直是排頭五位的。幸運降臨,古巴的神秘面紗,終於有機會親手揭開。

晚上十一時多步出夏灣拿機場,發現即使打開面紗,也看不清新娘的樣子。由機場坐車到市中心,再到民宿,三十分鐘的車程,幾乎找不到一點光:沒有街燈,也沒有幾戶家庭點燈。而「正常」城市必有的廣告牌霓虹燈,這個首都也找不到半個。「這是首都嗎?還是甚麼郊區?」我安慰疑惑的同伴:「是首都,是真正共產國首都,好好用心感受,想要光的話,抬頭看月亮吧。」

同伴想不透的,還有我的另一個決定,就是在古巴找民宿住,而非酒店。不少旅遊家提議在古巴一定不要住酒店,因為酒店是新建的,而遊古巴就是要遊她的舊。所以我們在網上很艱苦地找了一家人,以「估估吓」的英語基本溝通後,拿了地址便飛了過來。

🔥 古巴的民宿

民宿裏每一件家具，也是古董。

在黑暗中到達位於Vedado的民宿，拍了大閘十多分鐘，也沒有人來開門。正當以為要露宿街頭了，終於有一對老夫妻穿著睡袍走出來，領我們進入古巴的第一道光明。

老伯伯Cristian和太太領我們進屋，話也沒多說兩句，便走回他們的房間繼續尋夢。凌晨一點多，我站在大廳中央，感覺如夢如幻，陶醉。在老夫妻這個家，彷彿進入時光倒流七十年的夢。帶點粉色的百年大宅、葡萄牙式建築、古董水晶燈、古董紅木椅、古董床、古董蕾絲床具、古董地磚、古董黑膠唱盤機……美麗得無話可說，這就是大家所形容，隨地都拾到寶的國家。我真的有一股衝動，想從地板上鑿一格地磚帶走！

別太羨慕，古董伴隨而來的，是洗澡時浴缸附送的低壓冷水，睡覺時的硬臥大木床，以及蕾絲床具那股古董婆婆味。

百年收音機與低水壓下的洗頭經驗

從未如此期待天亮，我想快一點看看古董國的白天。

白晝露天古董展

天終於亮了，晨光進來，穿透這座古董大宅的蕾絲窗簾布，假如共睡一張床的不是女旅友，我差點以為我嫁了給哪位王子。

牙也未刷，帶著興奮的心情想一睹古巴的清晨面貌。打開大宅門，前院站著一位跟這座古董大宅一點也不配襯的女生正在喝茶，她打扮得很搖滾味，剃了一個skinhead，還穿了鼻環。

她發現了我，跟我問早，並自我介紹她是老夫妻的女兒Elsa，操很流利的英語。驚喜一浪接一浪，Elsa說她準備要上班去，而在我猜測她是否古巴的一個前衛髮型師或表演者，她揭開謎底：街道上負責掃垃圾的小隊長。

我忍不住問：「住這美麗大宅的女兒，不像做這些工作。」她說我錯了兩點。一，房子是政府按每戶家庭人口配給的，沒有窮富之分；二，即使甚麼工作單位也平分到糧票，沒有貴賤之分。看來我的共產字典還未打開。

讓我尖叫的寶藍色雪佛蘭古董車

上了一堂課，大宅主人Cristian說有一個朋友Yeus有興趣做我們的司機，假如我們願意付出三十美金一天。我問Cristian：「是古董車嗎？」他回答：「這個國家沒有東西不是古董。」

等到Yeus的車到達，又是一陣的歡呼聲，我們都對著Yeus的五十年代美

國的雪佛蘭古董車哇哇尖叫，藍色的車身！經典的天鵝車頭像！古董皮椅！懷舊引擎！我說這「藍鐵人」就是我的王子！

跟王子認定得太快，Yeus帶我們穿梭在粉色為主調的百年殖民舊城中。五十到六十年代的雪佛蘭、福特、Cadillac滿街都是，紅黃藍白黑，單是數一條街的古董車都數不清。

我在車廂內興奮地為路過的「鐵美男」影沙龍照的同時，發現Yeus的車門少了一塊玻璃，他說已經爛了半年。「不怕別人偷車嗎？」我問，「誰偷呢？」，他問。我舉手，他笑：「傷心的東西，只有你偷吧！」

的確，我們眼中的寶，於他們來說是有點傷心的回憶。十九世紀末，美國企業貪圖古巴便宜的勞工，在這裡大舉設置工廠，造就古巴很多富豪，人人駕名車穿梭大小夜總會。到一九五八年卡斯特羅革命，古巴與美國交惡，並被經濟封鎖。現在的古巴只可以把這些已存在的鐵老人重用，維修再維修。

見Yeus有點傷心，我跟他說我要振興本土經濟，但後來我們發現，當地人用的糧票和我們用的旅遊票，是一兌二十四的差距，我們在當地消費其實一點不便宜。我心想，未有能力為古巴作出甚麼大貢獻，還是多點享受不用錢的眼福，繼續看古董。

何謂 貴 賤

「職業無分貴賤」，我從來都覺得只是一句口號，是一個信念，而非一個真理。但，在古巴這個國家，我見證到這句口號被真正實踐，或者應該說，她把我們的貴賤概念來個大洗牌。

聽說過在古巴的捲雪茄工人最有學識，因為政府怕工人捲煙捲得悶，請了一班閱讀員每天為他們讀報紙或名著，久而久之，捲雪茄工人對天文地理以至文哲史詩無所不識，這裡的工廠工人，比我們想像的要「貴」。

而古巴的甚麼職業比我們想像中要「賤」？我猜你估不到，就是高尚的醫生。

在古巴，醫生是「配給品」，政府分配一個醫生照顧一百個家庭。這裡看醫生特別便宜，連這個貼身的福利我也清楚了解，因為我們在古巴去了看醫生。

同行的一個隊友病得嚴重，便請 Yeus 帶我們到社區診所看病。同在診所等候的叔叔，專誠由加勒比海飛過來做腳手術的，大讚在古巴做手術平靚正，例如看一個普通外科，收費也只是二十五糧票，約 12.5 港幣。

給我們看病的醫生非常親切，還給我們介紹古巴好去處。醫生發現我見到他手腕的金錶，他笑笑：「這手錶是一個病人送給我的，不是真金錶，

而是一隻鬆了金漆的手錶！」我看一看他手錶的牌子「citizen」，應該不是謙虛話。

我問他，醫生收入理應不錯，不是可以買更好的手錶嗎？他竟然很坦白：月薪是三十古巴披索（約港幣250元），比司機月薪還少。我問他：「哪為何要當醫生？」他說：「就是因為喜歡當醫生嘛！」問的愕然，答的更愕然。他還說，他一生只出了國兩次，都是因為工作，所以他不了解其他國家的醫生有何等高貴。

「不賺錢」的古巴醫生

問診後，我提議找個私房地方請醫生吃晚飯（因為這裡的餐廳都是公營的，味道很一般，要吃美食就要找私房菜）。醫生的第一個問題是，「是否你們請客？」第二個問題是，「我可以選擇在哪裡吃嗎？」當我們答完「是」和「可以」之後，醫生想了想，回答：「還是不要了，我要回家照顧孩子。」

我在想，假如同樣的情況發生在香港，媽媽們會不會從此說：「求神拜佛，期望子女長大後做捲雪茄工人或司機，也千萬不要做醫生呢！」

走入夏灣拿舊城，彷彿走入停滯的時間。

竟然！龍蝦超級鮮味！夏灣拿私房菜有
驚喜！

古巴三大名產是雪茄、蔗糖和冧酒，其實遺漏
了熱情親切的古巴人！

糧票日

古巴糧票是不少遊客喜歡的紀念品

在古巴的第三個早上，我們的民宿主人Cristian用旅遊票換了些當地人用的糧票，要讓我嘗嘗「當古巴人痛快地使錢」！首先是帶我去吃雪糕。

幻想在Havana，坐在雪糕店旁，對著加勒比海舔著雪糕杯，理應很浪漫。但在古巴這個國家，驚喜總是隨處有。來到國營雪糕店，很有一種「想當年，婦女們在教會門口排奶粉」的感覺。先說雪糕店只是一個鐵棚搭成的小站，店旁沒有賣雪糕的標記或名字，之前來回走了幾次也沒發現它。其次排隊的人像在便利店排隊交電話費般，絕無期待的表情，就是你又排我又排。而排隊的，沒有一個小朋友，都是老人家、勞動階層和媽媽級太太，他們手上拿著不同的容器：膠碗，鐵杯，膠盒。

這些就是政府給國民的福利之一，雪糕店每天只開兩小時，一糧票一個雪糕球，大約是港幣五毫，大家就在家拿出器皿，五個十個球買回家。

下午茶吃了糧票雪糕球作前菜，晚餐決定要吃得富貴一點，尋找好餐廳的方法：逐家逐戶拍門。古巴政府為了推高社會經濟，有部分家庭獲發

私營牌照，容許他們在家裏多放三五張枱做私房菜，名為「CASA」，但又不容許他們賣廣告。所以我們找吃的，只好左拍門右拍門，又四處問問路人哪家人有飯開。

終於在路上遇上一個好心男，帶我們穿過小巷，上了樓梯，摸到了一戶人家的天台，擺放了三張枱，我們便坐下。

這個CASA沒有餐牌，男主人直接告訴我們晚餐可以選擇豬餐，牛餐和龍蝦餐。看了那麼多天加勒比海，當然點了最豪的龍蝦餐，盛惠港幣一百三十元。

半個月的醫生薪水，包鮮果頭盤、沙律、手臂長的大龍蝦，還有古巴著名的Mojito。鄰座的客人似乎深信我們是大豪客，告訴我們今天是他的生日，但錢已經用光，可否請他喝杯Mojito。你猜壽星仔做甚麼工作呢？無錯，又是一位偉大的醫生。

飲飽吃醉，走在幾乎沒有街燈的路上，隊友問我：「假如香港有個醫生說沒有錢要你請他喝杯甚麼，你會嗎？」

我答：「我會，因為他一定是想追求我。」

古巴　華英雄

離開古巴的那個早上，去了一趟著名的華人街，探望一個老人家。

這條華人街之所以著名，是因為它是整個中南美洲唯一的唐人街，很多華人到中南美遊覽，總會來探探這裡的華人，而我要探望的那個老人家，名為蔣祖廉，八十二歲，是還在古巴生活的二百多名華僑的其中一位。

光華報社的滾筒印刷機

印報紙、執字粒

要找蔣伯伯，一點難度也沒有，只要你走到唐人街，問任何一個唐人，他們都會為你引路到附近的光華報社，因為蔣伯伯正是光華報社的掌舵人。

在報社門外等了一個早上，等到午飯時間過後，蔣伯伯才施施然回來。一看到我們這幾個傳媒後輩走來探望他，蔣伯伯馬上露出他掉了多隻牙的可愛笑容。蔣伯伯說：「報社已經沒有人工作呢！你們只可以探望我和這裡餘下的另一個員工，我的弟弟蔣祖樂。」笑著笑著，帶我們進入報館參觀。

幾座中文字老式鉛字排版機，只在電影看過；一台二十年代的德國滾筒印刷機，也是電影中看過。跟蔣伯伯說這像拍鬼魅電影的布景，因為所有東西都鋪上厚厚的灰塵。蔣伯伯拿出上一次出版的報紙，大字標題「祝賀上海舉辦世博成功」，半年多前的舊聞。

光華報社曾經是日報，因為古巴全盛時期有二十幾萬華人，蔣伯伯兩兄弟就是在戰前來找機會的，單是這條華人街已經有四份不同黨派的報紙。後來華人在古巴生活愈來愈艱難，走的走，回國的回國，死的死，四份報剩下一份《光華報》，《光華報》也由日報變周報，周報變月報，現在兩兄弟隨mood的，有感覺才寫一份，分給二百多個華人，生活費到辦報費都由華僑總會照顧。

問蔣伯伯想回家嗎？「沒有錢，回不了家。」問蔣伯伯有孩子嗎？「沒有本事娶老婆」，蔣伯伯若有所思，跟弟弟對望了一下，苦笑了一下。問蔣伯伯下一次辦報定了日子嗎？「你們再來前我會辦啊！」蔣伯伯歡欣笑了。

這刻掛念蔣伯伯。假如你到古巴，請記緊去探望蔣祖廉伯伯，告訴我他新一期《光華報》出了沒有。

（古巴→牙買加）

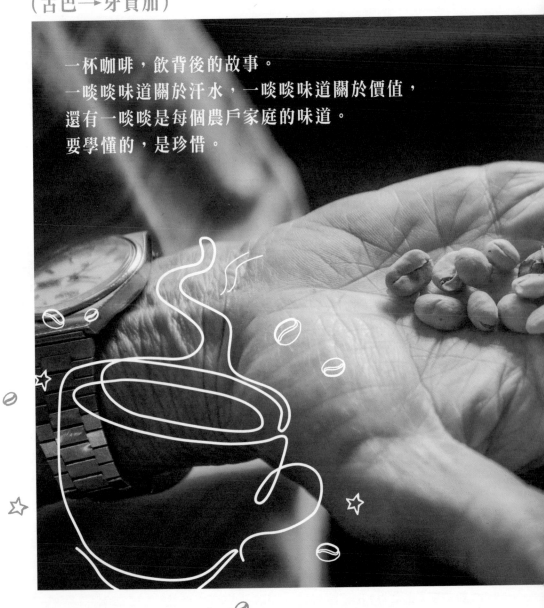

一杯咖啡，飲背後的故事。
一啖啖味道關於汗水，一啖啖味道關於價值，
還有一啖啖是每個農戶家庭的味道。
要學懂的，是珍惜。

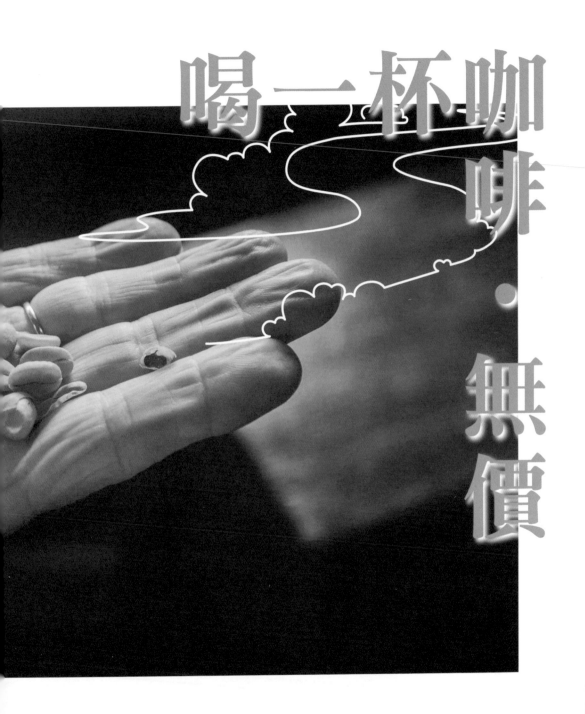

喝一杯咖啡．無價

沐地　牙買加

從古巴飛往牙買加，有一種回到未來的感覺，也同時讓我好好上了一課愛因斯坦的相對論。

習慣了古巴沒有光害的黑夜，一步出首都京士敦機場，馬上感覺適應不來，首先映入眼簾的，是門前一塊巨型廣告牌，展現「閃電俠」保特在奧運場上衝線的英姿，配以最強的射燈，刺得我差點要盲眼。

🍗 藍山小旅館的房間 🍗

也習慣了古巴的健康菜和私房菜，在京士敦的街上遇見了懷念以久的美國連鎖雞店，一人點了一個雞桶餐，好像半輩子沒吃過垃圾食物。左手一隻炸雞髀，右手一隻烤雞髀，吃得津津有味，幾乎要給牙買加一個美食之國的封號。

更習慣了古巴的寧靜，相反京士敦的晚上，四處歌舞昇平，年輕男女起勁地說笑歡呼。同是夜晚十點，古巴人都進入夢境第二層，牙買加人卻還有兩個派對等著參加。

你猜猜這種不自在感，在我們身上停留了多久？答案就是一個雞桶餐的時間。

飲飽食醉後，我們找了一輛車繼續行程，安頓的小旅館位於藍山山腰，
上山時司機興致勃勃地介紹，窗外著名咖啡出產地藍山有多宏觀壯麗。
但這刻，我們對全世界所有景物也提不起勁，因為消失了幾天的網絡又
重現，隊友又忙碌做回網絡奴隸。我們在古巴學習到用口溝通、用心用
眼去觀看的「技能」，又開始退化了。

但，於我來說，在這兩個國家，相對論發揮得最淋漓盡致的，是經歷了
幾天微壓冷水浴後，藍山小旅館的高壓熱水浴顯得又熱情又澎湃，高興
得我一邊享受花灑浴一邊高歌。我終於知道，為何牙買加的意思，是
「Land of Wood and Water」，水加木的地，就是「沐地」！

好一個好沐地！

差點忘記，來牙買加是因為在
facebook約了一個在藍山採咖啡豆的
朋友，說要幫他的忙，現在好好睡個
覺，明天在沐地開工。

高海拔之咖啡樹

珍貴的

在藍山經歷了驚心動魄的一夜。

月黑風高之夜，被窗外來回的腳步聲吵醒。整夜內心非常忐忑，明明我們住在高山之上，住家也沒有幾戶，到底是甚麼東西在窗外走來走去？腳步聲沒有停過，唸主禱文唸到天光，直到晨光在窗簾布映出來來往往的人影，心才定下來。

馬上打開通往山林的門，一個個牙買加男丁抬著工具向山上走，我帶點責怪的聲音跟旅館主人投訴：「他們不用睡覺嗎？為何整夜走來走去？」旅館主人回答：「這些工人很多都住在山下，從黑夜開始走路幾小時，要趕在清晨時間爬上藍山，種植和採摘咖啡豆呢。」我帶點羞愧地走回房間。

梳洗後，我跟義工駕車到一個上等咖啡園。何謂上等咖啡園？因著氣候濕度等影響，只有在藍山1500米以上種植的咖啡豆才可命名為藍山咖啡，其餘只稱高山咖啡。所以，未到清晨，便「你比我早起，我比他早起」的鬥早排隊上山採豆。跟著工人走路的軌跡，

人工咖啡園的咖啡樹，多成長至方便採收的的高度。

我們的車翻過山嶺，上上落落，經過幾個水塘，再駛上2500米的藍山高

藍山豆

處。濃霧中，終於看到倚著山而種的咖啡矮樹，紅紅綠綠的，那個小咖啡園，剛好有三兩個小孩採著豆。

義工說，今天的目標是要為農民和孩子們賺六百元牙買加幣（六十港幣），「這個價值等於多少咖啡豆？」我問。「等於裝滿一個超巨型麻包袋，等於裝滿六個大膠桶，等於採摘三十六棵樹的咖啡豆」，義工說。

🪶 清晨趕上藍山的牙買加男生 🪶

跟隨一個小伙子在斜坡濕泥地上摘豆，摘了不久，滑了一滑，一拐一拐採摘了兩顆樹。這時開始下起雨來，到採集完第三顆樹之時，濕透了身，我抵不住寒冷，最終放棄跑回車上。穿過車窗，看著那個還在努力採豆的小男孩，我想起天未光那未停歇的腳步聲，為的，正是六十港幣。

休息了一會，我又走回去跟小伙子採豆，幾經辛苦，終於把一整桶紅紅的咖啡豆倒進麻包袋內。整個早上，我腦海都徘徊一個問題，就是他到底有沒有喝過藍山咖啡？我當然把問題忍進肚子裏。

無法成功解鎖雷鬼風髒辮，只好做黑人辮子頭。

咖啡豆其實是紅紅橘橘的果實，咖啡樹也有精緻的白色小花，可是咖啡農工作很繁重，盈利卻很微。

咖啡豆　　　之

在藍山採摘完咖啡豆，帶住僅有的一桶豆到咖啡豆銀行。

走往銀行的路上，剛巧遇到一個咖啡農叔叔，彎著腰用瘦弱的背抬起一個大麻包袋。見叔叔汗流浹背，我說要幫他背上一段路，他打量了我一下，笑說：「你幫不了忙，我也不想被你弄掉了珍貴的咖啡豆。」

就這樣，我跟在叔叔身後走了一段路。眼前一個殘破的小木屋，屋簷掛了一個「Bank」的木牌，方知道這個像小茅廁的小屋就是咖啡豆銀行。叔叔把大麻包袋放在地上，一個男人在旁邊的小屋施施然走過來，打開木屋的鎖，叔叔把袋內的咖啡豆小心翼翼地倒進磅中，拾

表面是小茅屋，實情是堆滿咖啡豆的咖啡銀行。

起掉泥地上的，再一粒一粒放上磅。那男人說，叔叔有很多未成熟的綠豆，要扣點錢，拿了1500牙買加幣給他，大約150港幣。

我在心裡算一算，減去採豆員的六十元人工，減去種豆和租農地成本，也就只是有幾十塊利潤。我問叔叔，種咖啡豆賺的錢夠生活嗎？他笑

光

說：「當然不夠，土地種不了咖啡之時，就種香蕉，可以賣也可以給孩子們吃。」叔叔指了指山上的學校，他五個孩子也在那讀書。

我走到山上那間學校，校名是「Madis All Age School」，顧名思義，一個課室，所有年齡的小孩一同上課。孩子們發現了這些異國人，興奮得衝出操場，赤著腳要我們陪著玩。我問孩子們，誰的爸爸是咖啡豆農，孩子全都舉起手，墨豆的眼珠還流露驕傲的眼神。

 一張張看見異國黃皮膚女子的驚奇小臉！

我忽然想起，兒時我爸爸在街市賣魚，而我們一班街市之童在濕檔外跑來跑去的幸福畫面。

Jamaica

下了藍山，重回牙買加首都京士敦的鬧市。

說起牙買加的京士敦，不知你會想起甚麼？我想起的是一首兒時常常唱的歌 *Jamaica Farewell*，歌詞最後是「But I'm sad to say I'm on my way... I have to leave a little girl in Kingston town」。我常常幻想這首歌的作者是個背包客，他在京士敦邂逅了牙買加美女，跟她墮入愛河，最後選擇繼續旅程，忍痛和女孩分開。所以我總是認為，牙買加的女人是特別吸引男人的。抱著求學的心態在鬧市看女人，感覺跟大部分拉丁美洲女性沒有很大分別——蜜糖膚色、豐滿身形、圓潤屁股，比較特別的，就是這裡很多女人都燙了不同款式的Dreadlock，不知是否受到雷鬼教父Bob Marley的影響。

想了想，幻想自己弄個麵條頭，會否多了一點新鮮感。趁著還有這股衝動，就截了一輛的士，要司機載我到附近的髮

「抱歉，你做不了 Dreadlock。」

型屋。的士到達一家家庭式小店「Cherry Salon」，我跟店主說我要弄一個Dreadlock髮型，她大笑起來，告訴我的頭髮做不了Dreadlock，因為

Dreadlock

綁了黑人辮子，好像有點後悔。

要用很特別的電髮水，連續把頭髮電很多次，電到霉爛。店主見我有點失望，說幫我綁個黑人辮子。她熟練地把我的頭髮分好一份份，綁了起來；我也被自己打滿結的頭髮弄痛得呱呱大叫。

綁了黑人辮子，店主的小孩把我左看看右望望，我問他：「我漂亮嗎？」他搖著小腦袋，我又問他：「你會娶我嗎？」他伸一伸舌頭，又搖一搖小腦袋，我就知道，我在這裡一定沒有市場。

帶著一個傷了的心和痛癢的頭離開牙買加，由京士敦機場，轉機到邁阿密機場，再飛到厄瓜多爾，我的髮型不知被多少個海關員取笑了。

（牙買加 → 厄瓜多爾）

我願下輩子當一顆樹，
在那片還未污染的大自然。
不亢不卑地生長，
容動物棲息，與天地同樂。

下輩子做烏龜・發夢

厄 瓜 多 爾

踏上南美洲的第一個國家，名為厄‧瓜‧多‧爾。

老實說，對於這個「甚麼瓜，多甚麼」的國家，一點概念也沒有。上機前上網找一找，只知道西班牙文中「厄瓜多爾」就是「赤道」之意，

降落在基多機場！

因赤道橫穿這片國土，所以又稱「赤道之國」。我想，站在赤道之界，應該很熱吧。

怎料一到達厄瓜多爾首都基多，冷風吹得我騰騰震，穿着單薄的衣服，一步一步把行李箱沿著山路推上旅館，推得上氣接不了下氣，還有點頭暈暈心血少。原本以為只是身子虛的問題，怎料同行的高大壯男情況比我還要差，走不了兩步便蹲底、青著面說想作嘔。幾經艱苦，終於到達旅館，旅館主人得知我們的「孕婦跡象」，他半取笑半安慰的說我們並非撞邪，而是我們身處世界上其中一個最高的城市，平均高度為海拔2800米，在缺乏休息加上舟車勞頓下，得了一點高山反應。

怪不得在這個城市四周看，天空的雲壓得特別低。遠望，依山而建的粉色小屋，旁邊貼著一朵朵小雲，像小時候的蠟筆畫。還未到秘魯，先上了天空之城！

不知高山反應是否也影響了視力？整個基多城看來帶點朦朧美。穿透這片朦朧，大街小巷盡是粉色的歐陸式建築，自十九世紀西班牙統治遺落的殖民色彩，基多還完整無缺地保留著。連我們住的小旅館，也是由保存良好的主人老家改建為精品旅館，讓旅客住起來感覺異常浪漫。

這一天，受著高山症的賞賜，我們享受了旅程起步以來的第一次午睡，好奢侈。睡前，旅館主人把當地的家居良藥高山丸送給我；睡夢中，我已開始暢遊這個天空古城。

連自己有高山反應都不知道，坐下來緩緩。

基多剩下的

作為赤道之國的首都，又作為其中一個最貼近天空的城市，基多這個古城給我的印象絕對與眾不同。

說基多的不同，當然是她的人和地。

先說人。旅館主人Melsui說基多曾經為印第安王國的都城，所以這裡主要是那些用鮮豔彩布披身的基維多人，還有印歐混血人（麥斯蒂索人）、白種人、從非洲送來作為勞動人力的黑人、黑白混血人，以及地球上每個角落都會落地生根的華人。

再說地。基多先後受著印第安王國統治和西班牙統治所賜，當地建築像一個絕美的混血兒，在1978年被聯合國列入為世界文化遺產，國家還驕傲得用了二億美元復修整座城。

這些特別的人在這片特別的地上是怎樣生活的？

我用兩個半美金坐的士到舊城區，旅館主人多番叮囑我們，叫司機不要駛到第六街——那裡的罪案率從來沒有低過。的士直駛到市內的獨立廣場，最先引起我們注意，是一群爭先恐後、要幫遊客刷鞋的小孩。我還未來得及反應，小孩已經拿著鞋刷伏低刷呀刷。看著他用小手把我的爛

遺產

布鞋用心地刷着灰，我放了一張一元美金在他手上，他兩眼發光，緊握一元跑走。

走到 Monasterio de San Francisco 修道院外，幾個義工正在派麵包，老的幼的勞力階層的，隊伍的長龍把宏偉的修道院圍了一圈，讓我們也不好意思走去參觀修道院。

將可愛與專業集於一身的小擦鞋匠

再走到廣場內著名的政府宮殿 Palacio de Gobierno，宮門前兩個街頭賣藝者落力地表演，他們腳前小箱卻幾乎空空如也。正打算給他們拍張照再放下一點打賞，怎料兩個區內警察走過來，說我們拿著相機、很大機會遇上賊人，硬要把我們推入的士，命司機送回旅館。

我不想用我的價值觀套在這座城市，只是整夜我停不了思考——這個政府用了巨額資金把基多停在十九世紀的時空，卻好像沒有把人民的生活拉往文明。

是喜？是悲？還是我想多了？

夢寐　　　之島

要選擇一個地方去遊歷，或許有數之不盡的理由，但要愛上一個地方，卻只需要一個理由。

我決定要去厄瓜多爾，因為她是赤道之國，因為她是進入南美的大門，因為她有很多火山島，因為很少港人遊歷過，因為她的首都被列入世界文化遺產……但我愛上厄瓜多爾，卻只因為她的一個島——巨龜島。

這個巨龜島，原名拉帕戈斯群島（Galápagos Islands），位處厄瓜多爾約一千公里外的西太平洋海域，由十九個島嶼組成，譽為全球十大島嶼之一，也是我等大自然之友的夢想勝地，只因這裡棲息近二千種不同的動植物，以及島上的主人——巨龜。

🐢 巨龜島入境問卷有十四項要求，一項是「與野生動物保持最少兩米距離」。🐢

要進入巨龜島一點都不易，先是政府限制每星期訪島人數，要申請，還要六百美金飛機費、一百五十美金入島費，還要聘請一個合資格的自然生態講解員，才可以真正拿到這張入場券。你當然以為政府把這島當成主題公園搶錢，我敢說絕對不是。

（上）

曾經有一班前往巨龜島的飛機，在機艙發現一隻懷孕的蒼蠅，政府下令它截返首都，還要全機徹底消毒。要這麼誇張，皆因這個島一直與世隔絕，島上的生態環境對外界的污染沒有任何抵抗力。所以政府對她的保護絕對嚴格，而要深入重林當然要付出多一點。

入島，全部行李要被檢查。

飛機一落地，絕對是有「有無搞錯」的感覺，因為幻想中的大自然勝地當然是鳥雨花香，茂密綠林，但飛機一降落，四處都是灰灰的泥和草，只有一種凋零的感覺。

不是吧？我的夢寐之島就是這個樣子？

119

夢寐　　　之島

千山萬水來到巨龜島，被甫入島的灰暗景致影響了心情，忍不住問帶領我們的自然生態講解員Nicolas，「巨龜島除了烏龜比較巨型，還有甚麼吸引之處？」想不到Nicolas回答了一個讓我目瞪口呆的答案。

就算你不知道誰是達爾文，你都一定知道「演化論」，據說這套理論是當年自然及生物學家達爾文來到巨龜島考察，因看到島上千奇百怪的生物而受啟發的！這一種虛名，就如在你手上那個平平無奇的手袋釘上一個名牌一樣，聽了都變得飄飄然。在我靈魂還在飄蕩之際，公路的前方停了一座龐然巨物，駛近才發現這就是是聞名不如見面的島主，巨龜小姐！Nicolas說這巨龜群島上有不同品種的巨龜，體重少說也超過一百公斤，眼前這位小姐重約二百公斤。

🍃 不小心打擾到巨龜情侶 🍃

踱步走入森林，聽到一陣陣像人類睡眠的鼻鼾聲，Nicolas叫我們安靜地跟著走，看到兩隻巨龜正在交配，壓抑著亢奮，看著壓在雌龜上的雄龜差不多每一分鐘才動一下，並發出一次鼻鼾聲。我那刻的情緒真的很激動！從沒有想過這些偉大自然生態場面，能在Discovery Channel以外親眼目

睹，感覺一生中的旅遊目標又劃去一項，已經所
餘無幾。

🖋 我的一百歲龜殼 🖋

Nicolas說他們做甚麼也慢，交配一次需要三小
時，吃一餐消化要三星期，二百米的路快走也要
一小時，所以他們的新陳代謝特別慢，可以活到二百歲。Nicolas還說，
以前那些海盜很愛偷偷來到巨龜島，把巨龜一隻隻捉上船，慢慢餵飽一
班海上大賊。

讓人傷心的，不只這些巨龜以往的血腥經歷，還要數到島上的寵兒，一
隻名為Lonesome George（寂寞佐治）的巨龜，Nicolas說他的品種全宇
宙只剩下他一隻，而他又對性沒有興趣，所以他成為了世上唯一。我看
著寂寞佐治抬起長長頸脖子，像在等待他一生中的唯一，我都為他感到
很難過。

身處瀕危動植物的天堂，要懂得保持
距離。

厄瓜多爾年末傳統——燒紙玩偶，象徵燒
掉那一年不如意的事。

遇上慢活的生物——巨龜，牠的心跳，
十分鐘只有六十次。

生物　的天堂

在厄瓜多爾巨龜島，我們住在義工宿舍。

巨龜島居民出名愛護大自然，那種愛惜生物的程度，是你絕對想像不到的，就由我這個夜晚的親身經歷來說明一切。

我們義工居住的地方，同時是所有昆蟲居住的地方。因為房屋從來沒有用殺蟲劑，而住戶也不會因為討厭或害怕昆蟲在腳邊走過而要殲滅牠。不同種類的蟲蟲們，自在地四處走。單看我們住的宿舍，由地板、到牆、到椅、到桌、到廁所，都滿佈在散步的千足蟲弟兄和蜘蛛

巨龜島義工宿舍

姊妹！我停不了尖叫，跟義工朋友說，我還未懂蟲蟲的可愛，澡也不洗，牙也不刷，未夠八點就爬上較安全的上格床。蟲蟲朋友在爬呀爬，義工朋友在吃在喝在聊天，非常和平，我深信他們愛大自然的心比我這個平凡人高千百倍。

第二天一亮，我馬上迫不及待，衝出蟲蟲之家，跟當地科學家Emin做義工去。Emin說曾經有人把黑莓的種子帶進巨龜島，繁殖率奇高的黑莓搶了土地的營養，令當地一些植物被排擠到臨危邊緣，因此他每周都帶

義工隊進入森林，除掉一棵棵長滿刺的黑莓樹。工作了一個早上，我們手上佈滿被黑莓刺刺傷的紅痕，Emin 見我如此落力，說要帶我到他的菜園吃好的。

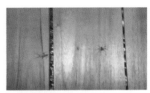

他在菜園摘了一些菜和紅蘿蔔，拍了拍上面的泥，就分給我們吃。我盡情享受蔬果 buffet，又甜又多汁。我跟 Emin 說：「這才是真正的有機菜！」他認真地回答說：「在有機

🖋 我不怕熱，怕蟲…… 🖋

上，還需要加上愛種的。」一邊吃愛心瓜菜，一邊欣賞菜園旁大泥地上，那些數之不盡的巨龜們，自由自在，就像昨夜宿舍裡的蟲蟲歡暢地散步，絲毫沒有對人類的存在有半點提高警覺。

我感受到真正的平等，沒有誰可以主宰誰，一個真正共享資源的烏托邦。正當我像詩人般沉思之際，「為何巨龜在動你就看得這麼高興，蟲蟲在動你就尖叫得呼天搶地？你真無用」，我的同伴真煞風景！

五個原望

在巨龜島做完義工，Nicolas帶我們回到島上小鎮，剛巧遇上了大塞車。當然，這裏會塞車的原因只有一個，就是有生物正在前方過馬路。

🌿 摘木瓜！🌿

來了幾天，已經習慣了等待巨龜緩慢地橫過整條馬路，而這次等待的，並不是龜，而是蜥蜴。

Nicolas告訴我們，厄瓜多爾除了的烏龜特別巨型，蜥蜴在這裏也生長得特別霸道。

🌿 巨龜島島民——海上蜥蜴 🌿

比起熱帶區科莫多龍那些隨便也三公尺長的大蜥蜴，這裏的蜥蜴並不算巨大，但因為幾乎每一條街都有七八條蜥蜴先生小姐，在懶洋洋地曬著日光浴。置身於此，你絕對有一種蜥蜴才是島主的感覺，我們人類只是過客。

一整個早上都大塞車，時間都用在等烏龜過馬路、等蜥蜴讓路。正午時分到達海邊魚市場，剛好有一班漁民，正在售賣他們的漁穫，一個漁民拿起一條超長超大的鮮紅色深海魚，閃閃發光。我興奮地跟Nicolas說，

這是我人生第一次親眼看見這麼鮮艷美麗的大魚。他告訴我，巨龜島的漁民，很多都是潛入太平洋海域深海處，用魚槍捕大魚的。眼前這位大叔，是這裡很有名的健力士先生，因為他捉過一條打入健力士紀錄的魚，而他幾個同伴也是健力士紀錄捕魚科的常客，家中掛滿了他們捉大魚的相和證書。

我們實在吃驚，想不到這麼厲害的大人物正正站在我們面前，還向我們賣魚。馬上付上二十美金，要大人物為我們切一份魚作為紀念。

隆重介紹，「基多先生」(Nicolas 爸爸)！

拿著大人物的魚，跟著 Nicolas 到他的家，因為他爸爸說要給我們做晚餐。來到他的家，發現牆上掛了一幅比賽冠軍的照片，才發現連 Nicolas 的爸爸也是一個大人物，年輕時是厄瓜多爾健美先生，他爸爸現在到了阿諾舒華辛力加的年紀，也 keep 著阿諾的身形。我們坐在客廳，欣賞巨龜島阿諾穿著圍裙，在爐前為我們煮魚，這種眼福，何其興奮。

一個島，可以看巨龜，可以看大蜥蜴，可以看深海大魚，可以認識大人物和大隻佬，一次過滿足五個大願望，夫復何求。

（厄瓜多爾→亞馬遜）

聽說人生總要做一點傻事才算「不枉」。
可以取笑自己的愚蠢，也可以欣賞自己的勇氣。
一個亞馬遜，換一個從地獄折返人間的經歷，
我想此生，也傻夠了。

森林的呼喚・找死

入住亞馬遜

由秘魯首都利馬乘搭內陸機去亞馬遜熱帶雨林城市 Iquitos，未到達亞馬遜，我的胃已因為太緊張而抽作一團。

緊張，並不是因為這是我的處女行。上一次去雨林，是從最熱門的巴西 Manaus 進入的。亞馬遜遊一直很受歡迎，因為那裡的旅遊package很齊全。星級酒店、星級美食、釣食人魚與河豚暢遊亞馬遜河，和在次生林（Secondary forest）感受初階亞馬遜，再拍一張到此一遊照便大功告成。

相反，今次我說好了要體驗真正亞馬遜人的生活，也說好了要跟文明一刀兩斷。

🌿 亞馬遜叢林原住民的茅草屋 🌿

怪我說得太狠，當船駛入森林之際，我開始後悔。上一次住的森林星級lodge有三層高，從河的遠處看過去，像極一棵綠色的森林之王，巨型的鮮艷雀鳥圍著旅遊區飛翔，幾十隻小猴子在樹屋與樹屋之間跟遊客互動，還少不了一班森巴女神在泳池邊跳舞，讓你未開始先興奮；而在秘魯 Iquitos 這一刻，若不是森林領隊Johnny告訴我已經抵達下榻之處，我也不察覺。

籠屋

眼前有幾間用樹枝和茅草搭的屋,而我們睡的「房」,是用木條起了一個正方空間,由綠色蚊帳罩著。走進小房,隔著蚊帳看出去,簡直變成動物園的籠,讓森林的野生生物隨意觀賞。

也罷,心想只不過是睡眠時才進入籠。

話說得太早。

六點晚飯完畢,沒有燈的亞馬遜,因為環境太黑,在林裡找不到路返回自己的籠,摸著黑走來走去,遠處看到幾點光,衝了過去,才發現這幾點閃閃發亮的光,是一隻大蜘蛛的眼睛!瘋婦似的叫Johnny帶我回籠,那一刻才懂得欣賞這個籠的可愛。

好,這夜,接下來有很多要處理的難題:如何在完全的黑暗中,尋回我的行李包?如何找我的清潔用品?如何找路到洗手間?如何找個水龍頭?如何找我的身體去洗澡……我的胃又再抽作一團。

亞馬遜

經歷了亞馬遜的第一夜，又熱又濕，記憶中沒有在蚊帳睡著的一刻，跟同房朋友說：「最大可能是焗暈的。」

天一光走出房外，發現我的兩位男同伴都睡在屋外的吊床上。他們說這裡涼快多了，只是整夜忙著一邊欣賞一夜繁星，一邊塗蚊怕水，沒睡夠。

穿上草裙與土著齊齊搖擺

以為我們經已在體驗亞馬遜人的生活，Johnny說我們過得太奢華，要帶我去尋找地道亞馬遜人。跟他走進熱帶雨林，汗水流了無數，終於見到一個小村落，族人住的樹屋是以樹枝高高架建的，就像是一個個公園涼亭。有一位老婆婆坐在樹屋圍欄邊，把我拉上樹屋，我圍觀四周，除了椏上掛了一件件殘舊衣服，甚麼也沒有。二百呎的空地，睡婆婆一家十八口，旁邊放了一個小爐，被無數蒼蠅分享著剩下的半個薯仔。

我們跟著Johnny走，到了一個小市集，正是婆婆一家十八口賺錢的地方。市集上大家都在售賣自己的手作飾物，男男女女用草衣包裹身體，有一些女人裸露乳房，正在餵哺孩子。

樹屋椏上掛了一家十八口的衣服

稻草人

我百思不解，婆婆的家樑上掛滿的都是現代
衣服，為何這裡的人卻穿草衣？感覺有點被
騙。Johnny帶點無奈：「基本上所有現代人能
夠踏足的部落，那些亞馬遜人都現代化了，
只是為了滿足我們的視覺享受，他們打扮回

亞馬遜婦女的編織物

昔日的樣子，為的，只望我們多買一件手作飾物。」有個女人向我兜售一
條頸鍊，吊墜是一隻食蟻獸的陽具骨，她說很多當地男人因為工作過勞
導致性能力不好，他們便會把食蟻獸的陽具煮來吃，而剩下來的陽具骨
就被穿成頸鍊賣。

在當我和同伴興奮地選購這些陽具骨飾物之際，我側耳聽到Johnny跟當
地人說，我想體驗真正亞馬遜人的生活，而當地人高興地想邀請我在剛
才那小屋一起睡一夜。我假裝沒有聽到，放下頸鏈，連走帶跑地逃了。

亞馬遜　自久

曾經在 National Geographic 看過有兩個不怕死的男人去亞馬遜找森林巫師，還分享自己的通靈之旅，說喝過巫藥後能看見自己的前世來生，心中一直很佩服他們的勇氣，也覺得他們才是真正的遊俠！還未到達亞馬遜之前，已經跟 Johnny 說，我一定要找巫師，一定要喝巫藥。

這天早上，Johnny 帶我進入原始森林找巫師。他告訴我，那杯巫藥名為 Ayahuasca Drink，又名「死亡之蛇」，亞馬遜人認為 Ayahuasca 這種像血藤的植物是神聖和有智慧的，當地的巫師會用 Ayahuasca 和其他森林植物煲成巫藥。巫師也是當地的醫生，亞馬遜人普遍一年會找一次自己族群的巫師，服用 Ayahuasca。Johnny 和我分享，服用「死亡之蛇」後會不停嘔吐，把五臟六腑的不潔物或邪靈排出，還會產生幻象，最後令心靈得到重生。

聽了這般詳細介紹，當然期待會一會那位傳說中的巫師。萬萬估不到，巫師之家中走出一個打扮非常平凡的大叔。「他就是這一帶最出名的巫師，很權威的，方圓百里只有他的家有家居電話」，Johnny 是這樣告訴我的。

米已成炊，這位很有權威的大叔巫師，一邊說我很有勇氣，一邊拿起開山刀，便領團帶我們從茅屋出發，走入亞馬遜原始森林找藥材去。

黑暗力量

沒有想到，走進原始森林一點都不容易，高溫加上接近100%的濕度，兩個多小時才由外圍的次生林踏進原始森林，我多次想要暈過去，幸好巫師不斷找到一些可以搾出水的樹根，倒進我口給我「吊命」。

巫師一邊採摘草藥，一邊告訴我每種植物的藥用價值，例如聞起來奇臭的草當茶喝，十五天可以排出腎石；又例如那些帶黃汁液的葉可醫治皮膚病；還有「貓爪樹」更厲害，樹根可醫癌病，外國的藥廠每年都來採購。

忽然間，我對這位大叔多了一點仰慕，開始自我催眠，認為這位大叔必定是一個了不起的森林神醫，我想喝巫藥的決心又大了點。

在煮Ayahuasca的巫師，原來巫師的打扮與一般人無分別。

亞馬遜朋友(中)為我們演奏每逢節慶才
演奏的音樂！右邊朋友手上的是可吹出
毒箭的長棒。

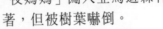

「夜媽媽」闖入亞馬遜森林，無被蜘蛛嚇
著，但被樹葉嚇倒。

深入部落找備受尊崇的巫師！巫師在煮
Ayahuasca，聽說喝了它，可以與大自然
的精靈溝通。

死 亡

決定嘗試 Ayahuasca Drink 巫藥儀式，或多或少是因為好奇，想體驗當地人所說的神怪異象，但事前的心理關口一點也不容易過。

早上在森林見證巫師把不同的樹枝樹葉放在大鍋中煮，已經不停臭罵自己在做傻事，在 lodge 四處找人壯膽，陪我參加這個儀式，外國人說沒有膽量，本土人又說一年只可喝一次，還未到時候。按照儀式要求，一整天也沒吃過甚麼，到了晚上七時，來到舉行儀式的小茅屋，參加者就只有我，加上巫師和他的弟弟。

不瞞你，我的心跳從未如此響亮，看著巫師手上的 Ayahuasca，綠綠啡啡的，就像電影中巫婆煮的巫婆湯，他一邊唱傳說可以引發植物效力的精靈歌 Icaros，一邊把口中的煙噴進藥湯，然後給了我一小杯，我硬著頭皮，喝了下去。

巫師說：「一口氣喝。」

服用後不到五分鐘，我已經後悔不已，從心臟，到腸臟，到胃都在強烈地跳動。不到半小時，我就嘔吐得天翻地

永刀骨體馬敘

覆。在巫師的歌聲伴隨下，我拿著嘔吐盆，身和心不停下沉，恐懼的感覺不斷放大，就像進入了一個黑暗的森林，總是覺得有東西會撲過來。

嘔吐聲夾雜在巫師的歌聲

一方面身體受不了控制，另一方面，我的意識卻非常清晰，我聽到同伴不停在我耳邊問我問題，但就是回答不了，說明白，就是有種接近死亡的感覺。漸漸地，亞馬遜人所說的異象，我好像看到了一點：盤中的嘔吐物幻化成蝴蝶飛了出來，然後又變成小馬，而整盤嘔吐物又變成彩色的森林……

感謝強烈的胃液刺激，不斷把我拉回現實，也把我的身體弄得劇痛，整個人在地上捲作一團。三小時的藥效漸漸過去，我被同伴連拖帶抬的送回房間，第二天一早，巫師帶著一盤花水來到我的房門外，說要幫我淨化……我害怕得哭了出來。

一個月後回到香港，醫生說我胃發炎，問我喝過甚麼？我答他，我喝了毒藥，然後我的胃炎持續了半年。假如有一天我要為我一生寫回憶錄，最後悔做過甚麼？「無無謂謂」喝 Ayahuasca Drink 一定榜上有名。

森林之子

亞馬遜的最後一天。在經歷了 Ayahuasca 儀式後,我一直都有種恐懼感。

這天清晨我坐在河邊,Johnny 走過來陪伴我。我告訴他,我很後悔,也很傷心去感受那種黑暗恐懼。Johnny 找來一隻小船,說要帶我遊覽偉大的亞馬遜河,也要跟我分享他的 Ayahuasca 經歷。

呼喚海豚的森林之子 Johnny

他是土生土長的亞馬遜人,小時候到了最近的秘魯的城市 Iquitos 讀書,學了英文,但他卻一點都不享受文明,他熱愛亞馬遜,更深信族人的風俗傳說,因為每個風俗背後都充滿靈性。他說他像其他亞馬遜人一樣,自小已經每年喝 Ayahuasca,但五年前一次經歷,令他從此懼怕又敬畏了這杯「死亡之蛇」。那夜的他在儀式的幻象中,看見他的姐姐不停哭泣,第二天,他發現他的姐姐因為意外過身。

我聽了非常震驚:「那你從此不再喝這東西嗎?」他回答:「照喝,還更認真地喝。亞馬遜人相信所有來自大自然的傳說,植物有他們想說的話,河有他的生命,連河中的魚也是精靈。」突然,Johnny 連人帶衣跳進河,告訴我巫師說他上一世是河豚,便開始暢泳。我大叫:「你不怕食人魚和其他河中怪物嗎?」他笑得開懷,並說:「河水認識我們的味道,

這就是我們的浴缸。」的確，亞馬遜人的家是沒有洗澡設備的，這就是他們的大浴場。

看著這個森林之子很滿足地愛著他的家園，我的心情也好了一點。

那天下午，我們離開亞馬遜，坐船回城市 Iquitos。我在船上忍不住問 Johnny，他有想過到其他國家看看嗎？他認真地告訴我：「我其實到過美國、加拿大和日本！因為，亞馬遜有一條村名為美國村，有一條村名為加拿大村，還有一條村名為日本村，哈哈哈哈。」

哈哈哈哈。

到達了 Iquitos 的口岸，Johnny 說了一句：「Welcome to civilization!」我看著岸上那些簡陋的小木屋，那些赤著腳在街上跑的小孩，心想，他們的外國跟我們的外國不一樣，我們的 Civilization 跟他們的也不一樣，還是不說甚麼，好好給這位森林之子一個感謝的擁抱就離開吧。

平靜的湖畔棲息著海豚

（亞馬遜 → 秘魯）

要接受旅遊中的遺憾。
因為旅遊會教曉你一個課題：
人生並不能計劃出來。接受了每時每刻的變化，
既來之，則安之，邊遊邊感受。
「活在當下」，不就是如此。

天空上的一朵雲・呼吸

旅遊自求彩數

從我入行當旅遊節目，很快被冠上「體驗系列旅遊主持人」。

我是這樣理解「體驗系列」的，體驗，也就是吃喝玩樂沒有你份的意思，也就等於相對冷門的地方才需要你體驗分享，也等於相對危險。所以，至今為止，我遊歷的國家，很多都被旅遊指南列作比較不安全。

只要在網上把我要遊歷的地方名和治安這些字眼搜尋一下，總有幾句是「必須注意個人安全，搶劫是會發生的，避免帶貴重物品，避免獨自走貧窮社區，避免於深夜逗留於街上，不要獨自行動」。而我對待這些忠告，從來像對待母親叫我早點睡一樣，左耳入，右耳出。因為我一直深信要遇上壞人從來只是看彩數。

🖐 為了找回小錢包，輾轉機場和警局。

是的，彩數終於降臨。地點是在秘魯的首都利馬。可笑的是，我的小錢包並不是在利馬的旅遊黑點被偷，我甚至沒有踏出過利馬機場，而是從亞馬遜城市Iquitos飛往古城Cuzco，在利馬等轉機的五小時內被偷的。怎樣被偷走，我也不清楚，當看見背包被打開了，一個小錢包已不翼而飛。

我跑去找機場保安，他們象徵式的記錄了下，說假如找到錢包，叫我

下次飛回來利馬領取，句號。一怒之下，我走到機場旁的警察局擊鼓申冤，竟遇上警察舉辦節日派對，吃著點心交換禮物。在前台等了半個多小時，終於有兩個警員走過來，拿出一本很古老的紅黑硬皮簿，跟我說的第一句話是：「你有筆嗎？」我找出了三支筆給他，他把每一支筆都在紙上試試墨，然後還我一支，拿了一支寫字，和收了一支入他的櫃桶。

機場保安不理人

警署警察打發人

錄過口供，他給我打了手指模，說有消息通知我。

我呆了呆：「就這樣嗎？」

他想一想：「來張合照吧！」然後他拿起手機，跟我拍了一張合照，再叫我走。

這就是我說的彩數，恭喜我，我很好彩。

天 空 之 城

告訴身邊一個熱愛遊歷世界的朋友，我在秘魯有天空之城之稱的Cuzco
逗留不到二十小時，她痛罵了我半天，簡直咬牙切齒。

她罵我，為何連短短五日也拿不出來，給這個空氣中飄散著印加帝國神
秘氣息的古都？是的，去過Cuzco的人都認為，最少也要五天才可以初
步了解她。這五日包括：一天在市中心——用眼掃描這個傳說是十三世
紀時、由太陽神的子女建的大國；一天是前往馬丘比丘的路程——聽說
沿途所見也讓人畢生難忘；一天留在這座忽然間在天與地之間出現的一
座迷城，馬丘比丘——好好欣賞這座印加人最後的避難所；一天回程——
用來思考這裡是否外星人來到地球的傑作；最後一天是接觸當地印第安
人，感受色彩豐富的異國文化。

我明白這個朋友對我「壓縮遊歷時間」的怒氣。可恨是，我並不像她，她
是一個真正的旅遊浪人，想在每個地方停多久就停多久。我只是一個以
旅遊為工作的小妹，拍旅遊找飯吃。要以一個月的時間遊遍美洲，而上
一個站的延誤（利馬坐的平價機又例牌的延遲幾小時），到達Cuzco已經
是中午，離天黑只餘下六小時。

朋友問我，六小時，怎樣遊Cuzco？

港式遊

首先，用兩小時快速在城中遊畢所有景點，拍到此一遊照，再用三小時到達最近又最像馬丘比

來不及去天空之城，去天空之城2.0——石頭城。

丘的小古城、離城四公里的Sacsayhuamán。在那裡的任務是要找一個最像處身於天空之城的角度，拍張欺騙親友的照片，然後在路邊給當地印第安人一點小費，借來這裡的四不像異獸草泥馬又影一張相。還餘下的一小時！走走附近的小印加遺址，包括 Puca Pucara印加紅色堡壘、Tambomachay 印加浴池 和 Qenko木乃伊祭祀場。

Cuzco 大教堂

你說我遊得膚淺、走馬看花？每逢在景點看見旅行團，我便去偷聽導遊解說遺址的故事，「大約是幾百年前的父母把子女獻祭給神，在圓石上放血……」

天黑時回到城中，邊看這個印加國度夜景邊吃飯，自覺滿載而歸。

朋友說理解不了這是甚麼旅遊文化，我說，這是即食麵式旅遊文化，她不會明白，但香港人會明白，呵呵。

秘魯人慶祝聖誕，不止在二十五號當天，而是橫跨整個十二月！

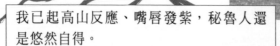

我已起高山反應、嘴唇發紫，秘魯人還是悠然自得。

走上海拔三千八百米；在不夠氧氣、不夠保暖衣物的狀態下，微笑。

149

環遊世界

用了一年時間，遊歷了三十個國家，前後經歷了五十多次機程。我深信，同樣環遊世界，窮人和有錢人用錢的最大差別一定是航班。

我們這班窮人，想要用最少的錢、最少時間，遊最多的地方。貪心當然要付代價。從香港到歐洲，再到美洲的兩個多月，已經是我這一趟環遊世界的第二十趟航班，幾乎隔日就要飛一飛。飛得比空姐更密，除了目的地太多，更因為機票便宜的話，接駁機必定特別多。從秘魯 Cuzco 到智利復活島，你可以選擇昂貴的直飛航班，或像我一樣，先由 Cuzco 到利馬，再駁機到聖地牙哥，在聖地牙哥逗留一天再轉機到復活島。

天未光趕到達機場，又是熟悉而討厭的 DELAY，遲了兩小時飛抵利馬，下一班去聖地牙哥的飛機已經不等人了。

比港女更港女，比大媽更大媽地又哭又罵：「飛！機！為！何！不！等！人！」，航空公司回覆：「你們機票的價格過於便宜，別的航空公司不願理會，你們只好等吧。」一句話，鏗鏘有力，讓你好好閉嘴，然後又是在機場客運站的一日。

本來，到達聖地牙哥可以在首都四處走走，睡個美容覺再出發往我夢寐以求的復活島，但最終到達聖地牙哥機場，已是十二小時後的凌晨兩

Must + Don't

點。四小時後又要上機，累得要命。在機場隨便找了一張長椅，擁著行李便呼呼入睡。

這是我暫時在這旅程第六次的飛機 DELAY，也是第三次因為 DELAY 而接駁不了下一班機，以及再一次因為飛機 DELAY 而跟《機場客運站》的 Tom Hanks 學做機場露宿者。

三天沒有洗澡、乞丐一樣的到達復活島，迎接我們的那一家人在見面擁抱後，第一時間熱情地邀請我先洗個澡。我相信我那股機場味嚇壞了他們。

容許我在這，向所有想環遊世界的窮人做一個親切的呼籲，甚麼也可以慳，機票不可慳。

（秘魯 → 復活島）

青春期迷上了外星人，
幻想他朝有日要到世界各地去尋找外星痕跡。
估不到，根本不需要四處尋找，
復活島，就是外星島。

戀上外星人・復活

外星球復活島

記得那個早上，從飛機俯瞰即將降落的復活島 Hanga Roa，那股讚嘆與感動，就像看見天堂一樣。

這個小島嶼是「神的使者」（黑白色小鳥）的棲息處

陽光射向太平洋這個青綠色的小島，白雲的陰影在草地掃來掃去，為這「藍中一點綠」抹上神秘感。怪不得有人說，復活島是外星人在地球揀選的落腳地，因為我深信UFO盤旋在南美的高空，最先入眼簾的一定是復活島。

到機場迎接我們的是一對夫妻Antonio 和 Olivia，是我的網友。在Facebook尋找復活島的居民，大約只有幾十人，與他們的溝通，簡直可以用望穿秋水來形容，因為這班島民不約而同都是幾天才覆一次電郵，而

Antonio

Antonio和Olivia，是唯一沒有和我斷聯的島民。我上機前一刻，更親切地表示會來接我們和招呼我們。

從機場回家的路途上，向Olivia投訴島民覆電郵特別慢，你猜她怎樣回應？她說：「島民要回地球才上得了網絡，別的時間島民都回外星球。」

Olivia所說的地球和外星球，其實都在復活島。整個島只有一條約一公里的直街，可以接收網絡、電訊，而全島唯一一間郵局、一間消防局、一間酒吧、一間藥房都位於這一條直街，他們便把這條可作地球人活動的街叫作

🕊 Olivia 🕊

「地球」；一離開這條街，電話接通不了、地球人的活動停止了，島民便回到屬於自己的外星，享受斷絕多餘文明的家庭樂。終於明白為何這一班外星島民沒有每日查郵箱的習慣。

快將到達Olivia的家，見她拿出上世紀的對講機，告訴她星球上的兒女，即將有黃種地球人來臨，我那一刻很想把對講機搶過來，報告：黃種一號，成功發射，感覺良好，完畢！

戀戀 復活島

不瞞你，我對復活島有一種不能言語的偏愛。

🌿 親眼觀察巨石像的謎團 🌿

早在我還是少女情懷總是詩的年齡，我已經想好，將來有一天要在復活島舉行婚禮，而其實我對復活島幾乎是一無所知。我不知道復活島是位於南美洲太平洋中心的一個孤島，我不知道復活島是有人居住的，而且是四千人之多。復活島只有那一座座人像石頭（Moai），而我在石頭人旁邊拍著婚紗照，男主角是誰不重要，因為我愛的是這些石頭背後的外星人傳說，這時我十多歲的時候。（當時的我是一個瘋狂的外星人粉絲）

我總以為，沒有人知道是誰建石像人，是誰把數噸重的石像人搬過來守衛復活島的海岸線，我甚至深信這是外星人的傑作。終於，我站在這個愛戀已久的小島，面對著島上這八百多尊石像時，在這裡長大的Olivia告訴我一個傷透心的事實：大約在十世紀，當時的島民拉帕努伊人，開始修建大量的巨型石像，模仿當時的重要人物，或是酋長，或是祭司，然後把石像用木橇桿運送到全島各地作祭祀。謎底穿了，一點也不浪漫。

還有另一個更不浪漫的故事，就是這個幾乎與世隔絕的小島，自從被我們這些討厭的地球人發現後，完全變成了一個血腥島。不同國家先後來復活島捉走島民當作奴隸販賣，復活島上由最高峰的二萬人，到1877年只餘下一百五十人。歷史說穿了，一點也不快活。

作為原島民的Olivia說，現在全島的4800人，每一位都是這裡的寶貝。我問Olivia，全島不是只有四千人嗎？那來的八百？她說這八百位石頭人都是有生命的，當地人熱愛這裡每一位石頭人，因為他們深信石頭人會好好保護小島。

太陽落山，把整個復活島照得金黃，我靜靜地欣賞石頭人的剪影，忽然間，我對自己的童年幻想感到好笑，相比起外星人，我似乎更愛這些充滿安全感的石頭人。

紋身記

很想紋身。

保守的我從來沒有紋身的衝動，但在復活島這個有點奇妙磁場的地方，我卻很想把島上獨有的朗格朗格象形文字紋在身上。

說起這個朗格朗格（rongorongo），只知道是島上的古代人拉帕努伊人發明的文字系統，文字看起來像是一隻鳥、一條魚、一個鳥人、一隻烏龜等等。朗格朗格的意思是「會說話的木頭」，在復活島很多海邊山洞，很多朗格朗格牆畫完好地保存下來。雖然我們都不明白每一枚象形文字的準確含意，但這種文字有一種難以形容的魅力。

🌿 紋身師 Tito 的作品 🌿

Antonio 告訴我，很多島民都紋了族譜相傳的紋身，而他們都是找島上唯一一位紋身師 Tito 紋的。我跟著地址找到 Tito 家，他卻不在。在路邊等了大半小時，隔壁家的三個怪人走了過來，一個畫了誇張眼線的姨姨，一個頭髮凌亂得像打颱風的哥哥，還有一個很瘦削裸著上身的中年大叔。費了很大的氣力，跟姨姨用身體語言說我想找 Tito 紋身，她把我帶到有電訊網絡的地球大街，打電話給 Tito。

或許我的上帝不希望我太迷戀
這個島，Tito在電話中告訴我，
他剛剛跟太太飛到了聖地牙哥
的醫院準備生孩子，在我離開
復活島之前，他也不會回來。
我傷心地告訴三個怪人我對朗
格朗格的熱愛，他們馬上從家
中拿出自己雕刻的朗格朗格木

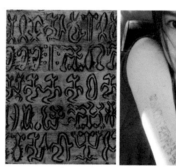

🔥 朗格朗格文字與原子筆紋身 🔥

版，說二百美金賣給我。二百美金，對於復活島民來說，只夠吃一餐晚
餐，但對於我這個省吃省住的人來說，真的負擔不起。

你以為他們會馬上把我趕走？不是。三怪人知道我沒甚麼錢，姨姨想了
想，抬起我的手放在自己胸前，叫亂髮哥哥用原子筆在我手臂上畫了朗
格朗格，然後說不要讓我失望而回，亂髮哥哥叫我爬進他的怪獸車，載
我在島上兜兜風（是真的要爬進去，因為車門壞了）。

很幸福，能做一個貧窮的旅遊人，我真的
感到很幸福。我差不多一個星期也沒有洗
手臂，那個原子筆朗格朗格紋身，我看得
出它說的話，就是「純真的分享」。

帶我在復活島上繞一圈的司機兄弟，也是
我「朗格朗格」原子筆紋身的紋身師。

旅遊業是復活島的經濟命脈，島民會以熱
情歌舞招待旅客。

MIRADO
RAND KAI

巨石像見證復活島島民所有人生的重要時刻

黑洞‧復活島

「復活島上必定有一個黑洞！」

這一個結論不是我說的，而是在復活島接待我的 Antonio 說的。

復活島人很重視家庭，每星期也聚在一起燒烤。

Antonio 是一個意大利人，二十五年前來這裡度假，怎料短短十天改變了他的一生。他在島上邂逅了原島民 Olivia，被她徹底迷住。今日的 Olivia 是一個高高黑黑瘦瘦皺皺的中年女人，但聽 Antonio 說 Olivia 曾是一九八六年的 Miss Island 復活島選美冠軍，美艷得令所有島男神魂顛倒。

他求 Olivia 跟他返意大利，她答：「要不你嫁過來，要不當是一場夢吧。」男主角回到意大利，深深的牽掛，不到一個月，就把所有家當帶來復活島，也把自己嫁給了他的女神，在復活島發展種菜種香蕉的生意，多年來只回過意大利一次。我把 Olivia 當年在社區會堂拍的選美冠軍照左看又看，就是看不出，她哪來這麼大的吸引力（女人都是嫉妒的）。

更有趣的是，他們不是絕無僅有的例子。在島上陪伴我們四周遊覽的一個叔叔，他是法國人，又是因為一次復活島四天遊，就嫁給了一個島女，之後二十年他從沒離開過復活島，相反是他法國的父母每幾年來這

裡探望兒子一次。法國叔叔說，這樣的例子在
島上多的是。

在復活島的最後一個晚上，我問Antonio，這
個島的女人吸引力為何可以把世界各地的男人
都吸了進來？Antonio跟我說：「復活島的女人
吸引力跟黑洞一樣，解釋不了，總之一被吸進
去，就回不了頭。」晚飯後，他把上世紀飛圖
年代的懷舊卡拉OK黑膠碟拿出來播放，再把

復活島人會把熱情和愛，完全釋放！

逆轉他人生的島小姐Olivia 拉到電視前，相擁
跳舞和熱吻。要不是我身邊還坐著他們十二歲和二十歲的子女們，我真
的以為他們剛剛新婚。

復活島，我都說過，妳就是一個迷人島。

復活島最後一夜

迷人啟示

復活島的最後一天，正是平安夜，很想送一份禮物給自己。這份禮物，就是想找到一個朋友。

抵埗之前，在網上認識了一個島美人Tami，我們年齡相若，感覺相遇相知，興高采烈地說一定要見面，但上機前失去聯絡。逗留的這幾天，心底的可惜不停發酵，最後一日走到大街上亂碰緣分，也不理同伴的勸阻。以為找到Tami的希望很渺茫，怎料最戲劇性的事情發生了！在街上隨便問一個大叔：「認不認識Tami呢？」他竟然答我：「賣魚大叔的女兒嗎？你去街市找找吧。」

走到「地球街」唯一的街市，門前正是一個鮮魚攤檔。賣魚大叔不懂英文，看著我嘮嘮叨叨、指手畫腳，只是一味在笑，倒是來買魚的大姨聽得明白，興奮地說：「他就是Tami的爸爸，Tami昨晚工作到天光，應該還在睡覺！」

沿街每個路人，都彷彿是Tami的代言人，未見真人，我已從島民的口中得知，Tami是一個表演者，在遊客場所跳森巴舞，很漂亮，現在單身。終於來到Tami家，我在木門外高聲呼叫她，一把剛睡醒的聲音傳出：「我是裸睡的，不要進來，等等我！」（又知道她多一個特點）

不一會，一個披著薄裙子、美艷誘人的森巴美女出現。四目交投，我們都知道對方正是「那個人」，忍不住尖叫和擁抱。這個相隔半個地球，像抽獎般得到的友誼，於我來說極其珍貴。

一見如故的Tami

臨離開復活島前，我跟Tami好好享受最後的一個早上。像所有女孩的悄悄話，我們的話題也離不開愛情觀。Tami說，她還是單身，因為復活島人口太少，每個人都熟悉每個人，所以島上沒有秘密，誰單身，誰在戀愛，誰已婚，每個人都瞭如指掌。Tami說，這個島上她找不到吸引他的單身男人，然而她說她永遠不會離開小島，因為她跟所有島民一樣熱愛這一個家，只好等待一個她愛的異地男人嫁進來。

終於要離開，同行的男隊友表情有點傷感，我肯定他也情不自禁地把一份愛偷偷留下。不知Tami知不知道，復活島人對自己家園那份熱情的愛，是何等誘人。

（復活島→巴西）

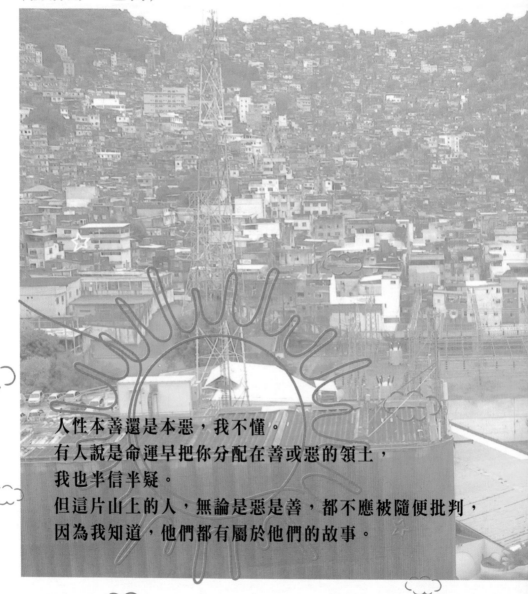

人性本善還是本惡，我不懂。
有人說是命運早把你分配在善或惡的領土，
我也半信半疑。
但這片山上的人，無論是惡是善，都不應被隨便批判，
因為我知道，他們都有屬於他們的故事。

大人物小人物．選擇

熱浪聖誕

「Feliz Navidad！」這是我在巴西首都里約熱內盧學到的第一句葡萄牙語，意思是「聖誕快樂」。

著短袖，在巴西過聖誕。

我並不是刻意安排在這個熱浪城市過聖誕節，但網友大隻佬Reuel，他竟然邀請我在聖誕節到Copacabana海灘約會，我看看他的相片，那身材，那排「阿諾舒華辛力加式」肌肉，實在想不到拒絕飛到巴西的理由。

約了Reuel下午五點沙灘見面，五點前跟隊友掃完救世基督像、糖麵包山，黑聖母教堂等等那些景點，四點半匆匆趕去沙灘，要給網友一個好印象。

等呀等，五時正，沙灘邊來了一群白褲人，打鑼打鼓，當地人和遊客馬上把他們圍了三圈。我鑽入人群中，發現這一群白褲人都是非常英俊的拉丁大隻男，而站最前方的，正是大隻佬Reuel！Reuel一邊打鼓唱著葡萄牙歌，一邊跟拉丁大隻男們跳舞——一種介乎武術與舞蹈之間的表演。他

們組成一對對，在沙地滾動及凌空翻騰，臉
上流露著熱情的眼神和笑容，赤裸的上身閃
爍著汗水，順著肌肉紋理流淌。

我嘗試大叫Reuel，卻給其中一個俊男狠罵：「師傅在跳戰舞，收聲！」
那一刻，我方知「巴西亞諾」（原住民族）Reuel是戰舞隊的隊長。

請我食檸檬的Reuel

戰舞隊表演完畢，Reuel走過來跟我滔滔不絕
地介紹這戰舞的起源。當年黑奴時期，受苦
的奴隸為了反抗主人、獲得自由，他們偷偷
練武，但又怕主人發現，便把戰術融入音樂和
舞蹈中，外人看以為是玩耍，其實一手一腳隨
便一揮也是屬害武器。Reuel說巴西人越來越熱愛功夫，他十多歲已經練
戰舞，夢想成為美洲版的李小龍。

等他在回氣之際，我帶點矜持地問：「我們要行行沙灘，來一個聖誕約會
嗎？」他呆一呆：「我們約會剛完結了！」Reuel急急腳跟隊友離開，走
時還再三叮囑我要把他屬害的戰舞拍下來，播給亞洲人看。

今年聖誕禮物，是一個大檸檬，很酸。

豪 門 球 宴

三年之後再次來到巴西，第一個感覺是這裡多了很多豪宅。

特別是沿著Copacabana的海邊，那些韓劇式全透明的玻璃屋比比皆是，有錢人和酒店企業平分這條海岸線。

說是普天同慶的聖誕節，日間的巴西一點聖誕氣氛都沒有，建築物沒有聖誕燈飾，當地人也沒有穿著紅紅綠綠的衣服，基本上大家一套比堅尼、一條泳褲就在這個海邊區四處走。在貧富極懸殊的里約熱內盧，因為沒有被名牌標籤，沙灘之上，根本分不出哪一個人有錢，哪一個人窮，沙灘竟變成一個烏托邦。

❧ Copacabana 海邊，美得像人間天堂。❧

在沙灘上遇上十多個踢沙灘足球的女郎，一點都不錫身的在沙地飛來撲去。交談之下，才發現他們當中，有幾個正正是沙灘旁玻璃屋的女主人。

樣子像極*Sex and the City*女主角Sarah Jessica Parker的Soie告訴我，里約熱內盧是一個很有趣的城市，這裡只有有錢人和窮人，沒有中產的。要在這裡生存，要不努力的爬上去，要不留在貧民窟

安守本分。我問她:「在沙灘,看得出誰在上,誰在下嗎?」Soie:「圍著沙灘網打球的,全是在上的,貧窮的人一早來霸位子,有錢人來到,給了一點霸位費,享受打球,各取所需。」我說:「很不公平。」Soie 把她後期加工的金髮整理一下:「這就是里約熱內盧。但我告訴你,我們絕不互相歧視,我們是真正的共同生活著。你看這個美麗的沙灘,貧窮人和有錢人不是在共同分享嗎?」我無語。

我對這位金髮上等人有種不能解釋的距離感,反而喜歡有一半韓國血統的 Natalie。她在美國剛剛大學畢業回來,說在沙灘上認識了不少住在貧民窟的朋友。Natalie 說從她家窗戶看出去,就是遍佈貧民火柴屋的山頭,每天晚上山頭火光閃閃,她就是看著那片「無主之城」長大的。

你猜不到,一窗之隔的這個富家女,從未入過「無主之城」;你也猜不到,我這個不怕死的,請富家女跟我探險「無主之城」;更猜不到,富家女的答覆是「好」!

171

無主 之城

約了巴西富家女Natalie在鼎鼎大名的Rocinha一起探險。

Rocinha，是巴西其中一個最大的貧民窟，約住了二十萬人，其中七萬人的家是簡陋的帳篷。Rocinha的聞名，在於她是最多販毒溫床之地，也在於每三兩天就爆發一場掃蕩販毒、黑槍的武裝行動。更出名的，因為這個貧民窟的位置是里約高級住宅區旁的山地，跟Natalie所住的豪宅只是一窗之隔，還有甚麼地方比這裡更有戲劇張力？

🍃 遠望里約熱內盧的基督像 🍃

來到Rocinha的入口，是在山路的底部，一排排電單車等在那裡，是接載山民入城的交通工具。有三兩個電單車手對我們這些異國人異常好奇，不停問我們來做甚麼，又游說要車我們入城，我一直不語。

在等待Natalie出現的時候，我的心跳得好像快要爆掉，同行的導演和攝影師形容我是少有的神經質，見他們一拿起相機或攝錄機就呼喝他們要停下。我不敢告訴他們，三年前我嘗試踏足此地，在城的外圍走了不到十分鐘，就有槍聲響起，嚇得我們半跑著逃離這裡。三年過後，心中一

直有一個遺憾，就是還未真正踏足「無主之城」，這次難得有地頭蟲帶路，心中又驚又喜。

終於等到Natalie，她帶著失望的表情，告訴我她住在貧民窟的好友怕惹麻煩，今早決定不帶我們入城，倒叫我們自己到「Watch Station」找「Connector」。我跟Natalie硬著頭皮，問單車手哪裡是「Watch Station」？他指了指山路旁的一間小屋。Natalie領路，屋內有兩個男人，一手對講機，一手電話，眼光像掃描機一樣把我們來回檢視。Natalie跟其中一個男人來回對話了幾遍，男人打了一個電話，就叫我們交出一百美元參觀費，並找了一個「導遊」帶著我們入城。

交底了錢，走出屋外，Natalie低聲說：「他們現在會通知所有大人物迴避，給你們讓出一條『清潔』的路參觀Rocinha，拍照錄影也要小心。」

「假如不小心影到大人物呢？」

「死，必死。」

跟背脊歷險

我們的「導遊」Nik取笑說這個旅程名為「小雞們的地獄之旅」。

入城之前跟我們來個頭盤,「曾經有記者試圖到Rocinha貧民窟這裡來偷拍、報道,發現後被人打死了,並被碎屍」。

鴉雀無聲。我們一行五人被分配到五架電單車,開上城去。因為車速不同,很快我在路上已經找不到同伴的蹤影,看著眼前這個車手的背脊,腦海中盡是那些《無主之城》、《精銳部隊》等描述貧民窟的電影的恐怖片段。

我闖貧民窟的唯一依靠——背脊車手

我忍不住向那一刻我生命中唯一可依靠的背脊說:「我很害怕,我會死嗎?」

背脊說:「怕甚麼?這只是一個社區,我在這裡出生、長大,這裡的人都很好,只要你不破壞這裡的規則。」

我望向山路的兩側,表面看Rocinha的生活的確非常正常,一間間小店舖擺賣生活用品,女人領著小孩坐在門前,一些人在維修馬路,一些人在簡陋的咖啡店喝咖啡看電視,

記

也就是每天在世界各地發生的情景。背脊告訴我,不要被傳媒影響,以
為住在山上的都是壞透的人,這裡只有不到百分一的人是打打殺殺的,
其他的都只是命運沒那麼好,只能負擔得起在山上建一個小木屋居住,
每天勤勞地下山賺錢。像他,接載人上山下山一程收兩塊錢,扣除「管
理費」,也就這樣生活下來。我問背脊:「想離開這個山嗎?」背脊說:
「想,有誰想住在山上?」我告訴他香港只大富翁才住在山上,他很不相
信的哈哈大笑了很久。

到了山腰,背脊把我放下,我才認真看看背脊的樣子,他很俊朗,也很
年輕,背脊只願告訴我他十六歲,連名字也不肯說。

過了幾分鐘,攝影師緊隨到達,並馬上拿起攝影機四處拍攝,馬上一個十
餘歲的小孩衝過來,很兇惡地下令我們停止拍攝,還用對講機不停報告。

我的心又慌又亂,指著山路不停說
「with guide!」,一個持槍的男人在
小探子身後出現的同時,我們的救星
Natalie和「導遊」Nik終於到達。

走在「洗了太平地」的貧民窟小巷

里約政府在貧民窟興建五顏六色的房屋。

被斥不准拍照，還是舉機記錄。

糅合武術和舞蹈的「戰舞」，源於巴西西北部。

上帝遺棄

我們在Rocinha貧民窟的山腰，被「大人物」的探子和槍手包圍之際，救星「導遊」Nik趕上來。他跟那兩個探子一一解釋後，我們終於可以離開。Nik邊走邊很兇惡地責怪我們，說由那一刻開始，沒有批准，我們誰都不可以拍攝，不可以走開，不可以說話。

我心中有點忿，向Natalie投訴我們為何要給旅遊費又要受驚。Natalie說因為這個山上有太多黑白兩道想要找到的人，這些人躲在這座像迷宮的山，苟活著。

的確，這個貧民窟是一個迷宮。Nik帶我們走在區內的小巷中，上落了不知多少回，每一條路也通向七八個出口，不一會我已經無法記認任何地方，甚至不知道自己上山中還是下山中。難怪說Rocinha是「大人物」的天堂。

我們在一路上邊遇見的人不多，頂多是有三兩個小孩在小路玩耍，我想是Nik刻意給我們安排的清潔行程。

直至走到一個出口，當Nik帶我們走出大街時，剛好碰上了兩個「大男人」。把我焦點吸引住的，是其中一個男人身上有一條從左邊肩膀走到右

日子角落

邊腰際的大疤痕，像一條白色「大魚骨」。見我們呆了，「大魚骨」叔叔竟然走了過來，跟我們閒聊。不知甚麼時候吃了豹子膽，我竟然用手去摸他的大疤痕，而「大魚骨」叔叔還給我看他背後幾個子彈洞和其他大刀痕，還有他廢了的手。

「大叔，你做了壞事嗎？」

「哈哈！我是一個好人。」

「大叔，你想離開這裡嗎？」

「大魚骨」叔叔傷疤很深，笑容也很深。

「我家有個大窗，每晚望著星光洗澡。全里約最美麗的夜景就在我家，我怎會離開這裡！」

「大叔，可以告訴我你的名字嗎？」

「這裡人人沒名字的。」

「大叔，這裡真是『無主之城』嗎？」

「那裡也有主，只是上帝遺棄了這個角落。」

（巴西——►阿根廷）

我從小是一個藥煲。
遊走世界的途上，必有一兩段是帶著虛弱去旅行。
或許是這特質，
讓我最想要的不是吃甚麼喝甚麼看甚麼玩甚麼，
而是尋求人與人之間互愛的良藥。

談談情跳跳舞·想

hea

舞 林 王 者

上一次來阿根廷首都布宜諾斯艾利斯時，正值大病，發著高燒，三天的行程模模糊糊，離開以後，對這座城的印象就只有「紅黃藍綠」（因為四處的貧民區都被塗上紅黃藍綠的油漆）。

這一次，再次來到布宜諾斯艾利斯，情況也好不了多少。之前在亞馬遜享受完巫師毒汁後，胃經常抽動得像會跳舞，連日來多次從睡夢中痛醒，我懷疑我的命格跟這個「布甚麼斯」是相克的。跟同伴走到小保加小區，人人都說此區臭名遠播，千叮萬囑遊客不要離開 Caminito 範圍。我們卻是練好豹子膽，決定遠離那個太遊客化的彩色小區，尋找一點真實的人味。

小保加是個港口，在十九世紀末是意大利移民上岸的地點，他們用船塢的棄材來建屋，再為它塗上鮮豔的油漆，熱情地生活下來。小餐館門前一個老伯伯熱情地拉客，我告訴伯伯我的胃在跳舞，實在吃不了甚麼。猜不

「你懂得跳探戈嗎？」

到，伯伯牽起我的手，說要跟我跳探戈。他說：「你的胃是想告訴你，在阿根廷不跳舞不暢快！」給他逗得大笑，笨拙地跟他貼著身體搖擺，伯伯的溫柔熱情確實讓我感覺好一點。

「一起跳吧！」

伯伯告訴我，他是因為探戈而邂逅他的妻子。年輕時，他在當時唯一的娛樂場所——夜總會舞池——跟初認識的女生跳探戈，身體貼著身體，很刺激，像極愛情；現在了解的探戈，是感情，因為跳舞時由男性作主導，女性作配合，表達的是男方的領導與女方的依賴。「現在阿根廷年輕的一輩不再跳探戈了，說很土，我太太也不跳探戈了，說要跟上時代。」「那跳甚麼？」「我們跳跳舞機。」

我心想，跳舞機不是更土嗎？但我口卻說：「伯伯，你真是屬害，你就是阿根廷新時代的舞林王者呢！」

「登！登！登！」「哈哈哈哈」

廷上自久

繽紛的色彩呼應熱情的拉丁生活

來到阿根廷，不吃牛扒實在有點兒那個——除非像我一樣，盤川沒餘下多少，行程還有一大堆。

勒緊褲頭，我安慰同伴，阿根廷牛扒多是草飼的，肉味不及美國澳洲牛好吃。我又安慰同伴，阿根廷人不懂吃牛，他們總是把牛扒弄得過熟，等於燒錢。我更安慰同伴，回我們住的平民郊區旅館，附近一家親民小館吃會更有風味。

結果，晚上七點多回到小區，所有餐館都關門大吉。

厚著面皮，拖著同伴找旅館老闆Louis救命，幸好他這夜會在後院辦派對，正準備聚會餐飲，我們便老實不客氣地坐了，談天為名，白

王老五

吃為實。Louis 是一個三十多歲的地道布宜諾斯艾利斯人，他和他的兩個叔叔幾年前把這個祖屋重新裝修，變成一間小精品旅館，專門招呼我們這些窮背包客。賺了第一桶金，他們再在不同小區，發掘一些老得掉了牙的房子，買下並重新包裝，租給人開小餐廳和精品店。從此，他們三叔姪每星期都會有一天在旅館舉辦一個挖金聚會，像玩大富翁，商討買哪一塊地和改建成甚麼生財工具。至今三人還未有興趣成家立室。

我笑他們：「你們和我們香港人真是兄弟幫呢，甚麼也是錢錢錢。」Louis 形容阿根廷人多是患了貧窮後遺症，他們窮得太久，對錢很沒安全感，因此很多小店商店像監獄，門長期上鎖，客人必須等店主開門才能光顧。

未幾，幾個打扮美艷的女生走了進來，見我們這些外人跟老闆談笑風生，表現得有點不滿意，甚至直接請我們離開。我左手拿了幾份三文治，右手拿了罐果汁，謝了 Louis 叔姪便返回房間開大餐。

臨睡前，從房間的窗戶看了看後園那幾個女生，很落力地討好她們眼中的鑽石王老五，我有點為這班病人感到傷心。希望我認識的每一個人，包括我自己，也不要患金錢病。

（阿根廷→南非）

一人一個夢·堆砌

「夢想」，說出這兩個字也覺得虛幻。
踏入社會後，更覺得「夢想」是口號，
是妄想，是一個童話。
然而，感謝你，因為你窮一生之力告訴我，
夢想背後的意義是甚麼。

初入虎穴

非洲，全世界我最愛的地方，我來了。

第一個落腳點，是大家都覺得很沒有驚喜的南非開普敦。來這裡，是因為一個朋友說要邀請我到他家住，他來自其中一個最大而最貧窮的黑人區Nyanga。熟悉開普敦的人，都必定覺得我瘋了，開普敦有那麼多美好的地區不住，竟敢住在傳說中罪惡滿溢的黑人區？

是的，我第一次來南非，導遊把這裡形容為遊客駕車經過也不應該停一停的地方；我第二次來南非，導遊說這是一個多麼悲哀的地方，他們生活在地獄中，不要激起他們的傷痛……

我就是不管，我就是要親身看看那個地方。你當然可以說我送羊入虎口，自招。從機場要特別租一輛包車入區，因為的士都怕危險拒載。而包車一到達Nyanga，便把我們和行李掉在路邊，急急消失。環顧兩旁的鐵皮屋，同伴忍不住咒罵幾句，我安慰說：「不用怕，我們住的豪華多了！」（其實我也不知我朋友的家是怎樣……）

↓ 小 bellboy！

我們這些異獸，引來一大班小朋友走過來觀看，他們都赤著腳，其中有兩個還攬住膠樽、吸吮黃色的奶。小朋友問：「你們是甚

麼人，做甚麼，要甚麼？」我回答：「我
們是好人，要住在這裡，要幫手！誰幫
手？」他們興奮地尖叫，說知道我要找的
家在哪裡！用他們的小手，幫忙在沙地
上推動我們的行李向目的地進發。

我轉向同伴們：「有甚麼好擔心？你
看我連在這裡也找到小bellboy和小
bodyguard！」

跟一堆小手小腳到達一間還在興建的磚屋，有一個建築工人在二樓疊著
磚頭，門前一塊小木牌，寫著「Liz & Donald's Home」，身後傳來了嘆
息的聲音：「我們就是住在這個總算有個瓦遮頭的地方吧」。

廢物　黃金屋

跟著小 Bell boy 引路，來到黑人區 Nyanga 興建中的磚屋門前，大聲喊我的網友 Donald，怎料二樓那個滿身灰塵的工人緩緩爬了下來，說他就是 Donald，這間屋的主人。而他胖胖的妻子 Liz 也跟著走出來，接我們入屋。

🖋 Liz 的家讓我大吃一驚 🖋

我跟他們說：「你們必定是這個區的富有人家呢！」絕對不是取笑他們，以我對 Nyanga 的認識，這裏的家普遍都是「火柴屋」，就是用鐵皮和木板搭成一個櫃屋，家中普遍只有一張床褥和一個小櫃；然而，Donald 這個家，不單止用磚建成，而整間屋還有基本裝修，劃分了廳、房、廚房和廁所，要知道在這個貧民窟可擁有廚房和廁所，是多麼讓人驚訝。

Donald 用了一句沒人相信的話，「我們窮得要命」，回應我的驚訝。心想 Donald 在說謙虛話敷衍打發我，好讓他好好建屋，我放下行李，便和同伴暢遊開普敦。

傍晚我回到 Donald 家，見他還是坐在第二層樓的瓦礫中，而建築進度跟早上沒有分別，我爬上去坐在他旁，取笑他懶散，光坐在這裡沒有動

工。他問我:「你猜下層我用了多少時間建好?」我看看那簡單的磚牆:
「三個月。」他回答:「八年。」

不要驚訝,我一邊聽他說他的故事,一邊這樣告訴自己。

十一年前,Donald五十歲,和區內的黑人一樣,一無所有。他忽發其
想,每天到城市的建築工地或垃圾場收集別人棄置的磚頭,一個個抱
回家,清洗乾淨,再一個個砌起來,終於用了八年建成他黃金屋的第
一層。休息了一年,他又開始建第二層,又
兩年,現在二樓的三幅牆和天花將近完工。
Donald 說等整棟樓都建成,門口的「Liz &
Donald's Home」,就會變成「Liz & Donald's
Hotel」,到時他會請世界各地的人來住和
欣賞他的傑作。

向在第二層忙的Donald道別,我出
去玩。

「你估計要建到幾多歲?」我問他,他看著自己的家,「估計要工作到
八十歲,到時,這個家應該還有一個花園。」Donald心滿意足地笑了起
來。

我說他是「愚公」（stupid grandpa），他說他一點都不笨，因為他沒受過正式教育，關於建築，很多都不懂，所以他走去市區圖書館自學建了這個家，他還驕傲地說自己是全世界最聰明的人。

這個黃昏，我跟他坐在他的寶貝磚頭旁，斜陽把這片黑人區的屋都曬出一個個長長的影子，而Donald房子的影子明顯比其他火柴屋拉得特別長，我實在為這位世界上最有耐性的大建築家感到驕傲。

誰說夢想只是夢？

一元 合唱團

合唱團在星期六日表演，每天也會練習。

在Donald的家睡了一個晚上，第二天早上醒來，傳來鄰里社區美妙的歌聲。吃過早餐，我們便跟著歌聲走過去，竟發現是一群年輕人在區內唱歌。當地人說，這是Nyanga區的合唱團。

我總是認為，非洲人是天生的歌唱家，他們的音樂感、節奏感早已溶在血液，代代相傳。自認缺乏唱歌技能的我，每每聽到非洲人高歌總是有一種解釋不了的感動。眼前二三十個年輕人，擠在兩排火柴屋之間的泥地，隨著大喇叭播出的音樂，拍著手掌，引吭高歌，而當他們發現了我們這些異國觀眾，更加起勁地舞動。

其中一個二十多歲的男生走過來，告訴我他是這合唱團的發起人，過往Nyanga區罪案頻生，孩子們天天沒事幹，便跟著成人醉酒染毒，後來更自製炸藥四處襲擊。不願讓Nyanga區的名聲差下去，所以他和同道中人發起行動，每星期籌錢租音響器材，把音響

唱歌，也能改變孩子的人生路。

放在社區的路中心，調大音量、播放音樂，吸引這一區的孩子來唱歌。

「我們籌錢籌得很艱難,每星期籌了錢把器材搬來,活動完畢又要把器材還回去。」

「那每星期要籌多次錢租器材?」

「1元南非幣(1.2港幣)。」

為了掩飾我跟他們價值觀相差甚遠的驚訝,我放低了一點捐款,再轉個話題,叫他帶我去參觀其中一家火柴屋。跟我想像的沒大差別,四面牆,都是用爛木板和鐵皮,地上一張爛透了的梳化和一塊毛毯,濃濃的霉濕味湧進鼻腔,加上高溫的蒸籠效果,待在這家一會兒,很快就有一種氧氣不夠的感覺。

這一個家,要了他們二百元。走出屋外,我又試著另找話題:「非洲人唱歌真的很動人。」

🪽 住在鐵皮屋,天花漏水,相當困苦。 🪽

「非洲小孩沒有娛樂,只用聲帶作玩具。」

「我小時候也很貧窮,只有紙和筆作玩具,我的娛樂是畫畫。」

「你現在長大了,紙和筆可以給我們嗎?」

貧富之間

旅遊的這些日子，認識的新人鮮地，總是很容易用貧富去劃分他們，有些時候會自我反省是否太貧富論。

南非政府於一九四八年採取「種族隔離」政策，別人不明白，我們應該了解（如「華人與狗不得內進」這八個字，已經表達了當時在世界上有一些人自以為高高在上，把同樣是人類的有色人種踩在腳下）。當時的南非，黑人不可以與白人住同一區，不准入讀白人學校，當有白人乘搭巴士時，同車的黑人必須要迴避等等等等⋯⋯這好像是貧富而引起的罪，但真正傷害人的，是人的心。

從黑人區走到白人區，從臭熏熏的鐵皮屋走到一間間豪華得不得了的大宅，從一班赤住腳丫在爛地跑的小孩，來到星級餐館穿得光鮮喝香檳的大美女。天與地只是一條大馬路之隔。來了開普敦多次，我還是看不習慣。

在一間品味酒吧門前，有一個男人說要邀請我們喝一杯啤酒，閒談下知道他是酒吧的老闆，土生土長的南非白人。喝了兩啖酒精，忍不住跟他討論起大部分南非白人也厭悶的公平及歧視話題，他沒好氣地說：「在南非，我們白人只有一成，我們是少數，他們才是majority。」我說：「你

們的一成擁有了國家九成的財產，他們九成瓜分餘下的一成。」他覺得沒趣，在離開之前說：「種族隔離已是遠古前的故事，我們和他們現在是朋友，生活在一起的朋友。」

我自知自討無趣。

在離開白人區之時，經過一個地產店，門前貼著很多海邊豪宅的廣告，其中一間擁有infinity pool的豪華別墅，標價二千萬港元。對於黑人區居民，二千萬，可以建十萬間火柴屋，對於香港人，可能只是市區一間四房單位，一個價值，把人分開了很多格。

我自責，我又是太貧富論了。

（阿根廷→博茨瓦納）

熱愛非洲，也臣服於她來自大自然的力量。
這力量既溫柔，又告訴我：
「天地比你想像的還要大，
而『你』比你想像中還更渺小。」
在大自然下要學懂的一課，是謙卑。

愛滋還是愛

知・樂土

非洲的 樂土

聽說，那裡是非洲的樂土。

聽說她在非洲算是很富足的國家，聽說她每
三個人有兩個擁有手機，聽說她被國際透明
組織列為全非洲最不腐敗的國家，聽說她的

一過境，便是茫茫大草原。

政府很愛人民，聽說你把一箱錢放地上，也不會有人偷走——所以我要
去那裡，博茨瓦納。

到達南非邊境城市Polokwane，陸路北上就是博茨瓦納。接待我們的年
輕夫妻Grent和Meri異常緊張，說要下午四時前趕到過關閘口，否則回
不了國。我們聽得一頭霧水，要跑到關口方才明白。原來分隔兩國是一
條急流的河，往來兩岸靠一個半人手拉動的鐵籃。人要趕在河水漲得太
高前被拉過對岸，否則漲潮把鱷魚先生帶上來開餐。

野生動物的天堂

像參加越野賽般到達博茨瓦納，坐在越野車
駛入國境，心境豁然開朗。對比南非四處都
像坐牢般的保安鐵欄，這裡就只是天與地、
草與木，和一口一口帶甜的空氣。Grent表示
博茨瓦納政府因為怕鐵絲欄傷了四處走動的

動物，所以連馬路兩旁也沒有鐵網，以至這裡常常有一群牛象豬馬橫過馬路而造成的 traffic jam。

博茨瓦納人很愛大自然，愛得讓這裡很多的年輕人如 Grent 和 Meri，讀完大學就會全身投入保育界，他們跟政府在自然保育區租了一塊地，建了個宿舍，跟來自世界各地的義工開始這一塊地的保育工作。我跟 Meri 說：「你們說的話很像那些選美冠軍的口號，要為未來負起一項偉大的任務。」Meri 表示這不是口號，而是這個國家每一個年輕人的夢想與成就。

Grent 問我：「那你們年輕人的任務呢？」「好問題」，我沒有回答。我不敢告訴他們，我們的任務是「升職，加人工同去旅行」。

看着博茨瓦納的天比地大、地比人大，這裡的人是為天為地而活的；想起我們香港從馬路看上去的一小格天空，我們的人比地大，地比天大，我們自以為天與地是要為我們而存的。

我相信，博茨瓦納不僅是非洲的樂土，更是思考的樂土。

大草原之夢

博茨瓦納是非洲南部的內陸國家，一九六六年獨立前，是世界上二十五個最貧窮的國家之一。獨立以後，人民利用豐富的礦石資源、遼闊的甜草場和野生動物，把貧困落後的國家搖身一變成為相對富足的國家。因此，博茨瓦納人關心的，不是鑽石，就是大草原。

在 Legodimo Reserve 保育營中認識的每一個人，關心的都是後者。而我，到達了保育營，關心的第一件事，是基本生活。所說的「營」是由兩間小屋組成、一間男義工睡房、一間女義工睡房。我們的房間除了二十多張雙層床，甚麼也沒有，包括燈。

將近黃昏，營主 Meri 走進來，奇怪地問我為何還不洗澡，說天色一入夜，想摸到廁所也難。我胡亂地拿起毛巾和衣物便衝入那個沒有門的洗澡房，到摸到了開水掣之時，天已黑透。幻想著那些非洲蛇蟲在身旁走來走去，實在痛苦，幸好在這個露天廁所仰望，彷彿置動畫 Final Fantasy 般的無敵星空，自覺在銀河中洗澡，卻又浪漫。

有些營友在黑夜中煮晚餐，我跟其他新朋友飛蛾般緊貼那個小火。二十多個義工，有來自法國、美國、澳洲和德國，他們有些在義工營留了三個月，有些快兩年了。我以為他們都是剛讀完書來體驗生活的年青人，想不到美國女生 Michelle 說：「我辭掉了美國的政府工，賣掉了一切資產來非洲的。」另一個德國女人 Gia 憂傷地分享：「我的丈夫有了第二個女人，我甚麼也沒有了，走呀走便來到了非洲。」

似乎要轉轉話題。「你們親眼看過甚麼奇珍異獸？」我自覺問了一個理所當然的問題，來非洲當然是要獵奇要看動物。「他們當中只有一人近距離看過豹，其他義工也沒看過甚麼」，營主 Meri 繼續說，「你不要期望在大自然看到動物園的景象，但你很快會找到你想感受到的。」

這夜最先感受到的，是在絕對黑暗中第一次先用舌頭嘗食物，而非眼睛。眼睛在忙甚麼，當然又是那個會發光的星空。

博茨瓦納是保護動物的意識很強烈的國家，劃了很大範圍的野生動物保護區。

來自五湖四海的義工

這不是一棵普通的樹，這棵樹已四千歲了，當地人認為他來自外星。

萬獸的足印

這幾天在義工營，主要工作是把受了傷的樹用鐵枝扶好，把農夫遺落在草原的鐵絲網一一移走，還有四處尋找瀕危動物如獅子和豹的腳印和便便。因為量度腳印大小，可以了解牠們的成長；便便大小則反映日常活動和健康。

是的，這些任務聽起來不太精彩。

「我總是不明白，這麼皮毛的任務，對世界有何大影響。我更不明白，你們來自世界各地的義工，為何可以放棄城市生活，在這裡數數便便就過了幾個月甚至幾年。」

鉗走綁在樹木的鐵線，以免傷害動物。

來自澳洲的義工Dom答我：「你不明白，因為你未融入非洲。」

有一個早上，營主Grent和Meri驅車帶我們越過一條河，Grent說這條閃爍的河被稱為「大象的河」。曾經這條河底鋪滿鑽石，人們都過來採鑽，

但卻發現每天黃昏，大象會走來休息喝水，政府便下令要保護這條河，不允許任何機構來開採。Meri說：「上年有一個遊人在河裡拾到一顆八卡的鑽石。」我二話不說走入河中，左抓右刮，直至找到一顆小水晶！我興奮地叫：「我尋到了寶！」方發現其他義工對閃石毫無興趣，倒像大象一樣，只是在河中涼涼腳、洗洗臉。我發現，我還是未融入非洲。

直至在保育區的最後一夜，在星光下營火前，我分享我最快樂的回憶：「我們試過在樹林中走了一小時，為了要找到一棵四千歲的樹，然後像一群猴子爬上樹頂，閉上眼睛，細聽風吹過樹的歌聲；我們又試過徒手爬上一個高山，然後像萬獸之王的獅子俯視一望無際的森林，看著那些變得像芝麻般渺小的野獸在林中移動；我們也試過涉水草跑了一小時，一群瘋婦般追逐沒入河邊的夕陽，見證河水染成紅色再變紫色再變藍色。」

才發現，大自然是懂變魔術的，不用幾天，就把我這個驕傲的人類變回原始的動物，跟著天與地在走。

原本，不知不覺間，我未融入非洲，但非洲已經溶化了我。

愛滋小姐

比起其他非洲國家，博茨瓦納很多方面都很美好，唯獨一處令所有人都怕怕的，就是她是全世界愛滋病病毒感染率最高的國家，平均每五個成年人有三個感染HIV，平均每三小時就有一人死於愛滋病。

記得我們在博茨瓦納與南非邊界的一個哨所，見到海關櫃台上放了一盒安全套，盒子上方貼了一張「安全性活動」的宣傳海報。聽當地人說，首都嘉柏隆里每夜都有人派免費安全套，酒吧廁所也放有一盤盤任取的彩色膠圈圈。國家期望新的一代可以扭轉這個悲哀，只是對已發生的悲劇，還是無力阻止它的哀號。

在這裡認識了一對「愛滋夫妻」Johnny和Basar，太太Basar在政府官場工作了很多年，直至病情曝光的第二天，即時被裁員了。在追討大會上她認識了同病相憐的Johnny，兩個人走在一起，並為被極度被歧視的愛滋一族爭取受尊重的權利，舉辦全國愛滋小姐選舉。

我們跟隨Basar去探望她一個朋友，2007年愛滋小姐亞軍Elizabeth。Basar形容Elizabeth是少有的幸運兒，因為即使博茨瓦納的愛滋病患很普遍，但當女人感染HIV，確實很難有男人願意跟她們在一起，而更幸運的是，愛上Elizabeth的男人，是一個沒有感染HIV的人。他們不久前結了婚，還生了一個同樣沒有感染HIV的兒子。

到達Elizabeth的家，因為整條村停電，我們都只能在她家門外倚著油燈聊天。微微的燭光下，發現Elizabeth比我在錄影帶看到的她瘦弱了很多。我問她生活得好嗎，她淡淡說：「丈夫早前遇上車禍過世了，餘下我和孩子，還是要生活下去吧。」

我掩蓋不了我的驚訝。本來幻想Elizabeth的幸福未來，卻發現更悲哀的命運剛剛降臨；我原以為，她會怨天恨地湧滿淚、數算上天的不公平，其實人到了盡頭想到的還是生存。

渺小的我實在說不出甚麼恰當的話，只好跟Elizabeth玩弄她的后冠和加冕絲帶。打開車門，看著車尾燈把她的陰影拉得又長又黑，我心酸，跟神問了很多個為甚麼。

縱然命運坎坷，Elizabeth以笑面對。

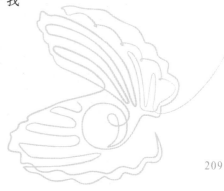

（博茨瓦納→布希曼）

那一刻的我必定沒有想到，
十七野人從此深深印在我腦海。
他們不止是我生命的過客，
而代表著各種人性的選擇，求生的選擇，
尊嚴的選擇和生存的選擇。

歷蘇的最後一面‧禱告

上帝也瘋狂

一九八〇年，有一部電影《上帝也瘋狂》，講述一個飛行員把喝完的可口可樂玻璃樽隨手往外丟，跌落在非洲，被一群搞不清可樂是甚麼東東的Bushmen（布希曼人）撿到。他們很快發現可樂樽能當鐵錘、開椰子，這個部落裡從沒存在過的東西，現在人人急著用，也讓浪漫隨意的原始民族變得充滿佔有慾。男主角歷蘇認為可樂樽破壞了部落和諧，展開了要把它還給上帝的漫長旅程。

一九八〇年，我上一世還未死，我深信那個
「我」已經被這部電影迷倒，到今世的我每隔一陣子就會發一個《上帝也瘋狂》的夢。終於，夢想成真。連日來跟「現代化」布希曼人Jumanda線上聯絡，所謂「現代化」，就是博茨瓦納政府從野外把布希曼土人遷入城市，安排他們在遷徙營生活和學習現代人的語言和生活模式。在首都機場跟Jumanda見面，他並不是我幻想中「歷蘇式」瘦削身形和裂到耳邊的大笑容，而是端著大肚腩。

我們推著行李踏出機場，可是馬路上空空如也？Jumanda是聘來當沙漠領隊的，當然期望他會備好車，我們八眼互望之際，他卻說：「你們要給我額外的錢才可以租車呀！我是坐八小時巴士來這裡的。」按捺內心的火我想，接下來的日子必定充滿驚喜。他是真的「歷蘇族後人」，或是騙

子？但看到Jumanda選車子的表情，好像一
個小孩在玩具店選禮物般眼睛發亮，又輕輕
摸摸每一架車，我的心有點軟了。

「例遲」的Jumanda

只是，心軟的感覺，在第二天早上消失得無影
無蹤。約好八時出發，等了半小時也不見他蹤影，重複又重複地打電話
給他，他只回了一次。十時，當我深信他偷了車遠走高飛之際，他又悠
悠然地出現。我黑著面問他為甚麼遲了兩小時和不接電話，他看了我一
眼，不回答，又走回車上。

整個車程，我發現了Jumanda是一個只懂答「Yes」或「No」的人，你問
他「What」、「How」、「Why」，他都會給你一個很苦惱的表情。我想，
這幾天我要跟這個布希曼怪人相處，即使上帝不瘋狂，我必定先瘋了。

Jumanda沒有一點「歷蘇」痕跡

尋找 歷蘇

說起布希曼人，除了一個「歷蘇」的形象，或許了解他們的人不多。

布希曼人又名「叢林人」，是生活於撒哈拉沙漠的原住民族，我那位讀人類學的同伴說，布希曼人可能是世界上現存最古老的民族，依賴天地而活。他們並非「黑人」，而是很黑的黃種人，所以身材矮小、面龐扁平、鼻子寬扁，頭髮黑而稀疏。至於怎樣來到非洲，我不知道，我對布希曼人的興趣很膚淺，我想看到他們像電影描繪的生活畫面和聽那些著名的吸氣發音。

跟怪男生Jumanda駕車向博茨瓦納三角洲一帶的沙漠沼澤地區進發，Jumanda說：「到現在為止，全非洲只餘下幾萬個布希曼人，而像《上帝也瘋狂》還在野外生活的，不到一千。我們駛入的喀拉哈里保育區，還在非法野外生活的，就只有十七人。」我問Jumanda為何有信心在沙漠區找到那些非法土人，他又給我一個苦惱的表情，我知我問錯了「Why」。

孩子對著「歷蘇」海報，滿臉問號……

我們先到達一個名為Kandwana Resettlement的遷徙營，Jumanda說這裡安置了政府從保育區趕出來的一千多個布希曼人。進營區時令我有點驚

喜的,是我以為這裡的建築物會是一
間間平實的板間房屋,怎料卻是布希
曼人獨有的叢林屋「Bush」,用草和
樹枝綁起的一個個矮草包屋。我跟一
個婆婆爬進其中一個草包,屋內只有
一點日用品,一片空曠的泥地。我問
婆婆的年紀,她哈哈笑說她不知道,
然後在泥土裡翻出她的家當,找出

布希曼族的安置區,保留著草屋。

一張身分證。我看一看,出生日期寫上「xx/xx/1966」。Jumanda 解釋說
布希曼人沒有時間的觀念,沒有人會計較自己何時出生何時死亡,但政
府把他們一個個從沙漠裡捉出來,要辦身分證,便隨意給每人一個「時
間」。

我終於明白,Jumanda 遲到的習慣,並不是他不認真看待我們,而是因
為他根本沒有「時間」這個概念。

歷蘇的哀歌

在遷徙營逗留了不一會，一個接一個好奇的小頭開始從草包屋伸了出來，然後老人家都帶孩子湧過來，包圍著我們幾個異鄉客。

見孩子們伸出小手掌問你要食物要禮物，就知道他們被世俗化了。曾經，布希曼人是最浪漫的人，他們狩獵和採摘，天給他們吃甚麼他們就吃甚麼，地給他們睡甚麼他們就睡甚麼。但，世界總是想趕絕他們：殖民者帶來屠殺和奴役，商人垂涎他們棲息之地所蘊藏的全球最大鑽石礦藏。美麗的解釋是，布希曼人任意打獵，造成野生動物大量死亡，為了保護環境，政府有必要驅趕他們。

因此，布希曼人由靠天靠地改為靠人靠政府。有一個叔叔說：「我想返回往日的生活，政府只給我們粟米粉和水，以往我們打獵吃美味的肉……生活很苦，請給我們一點錢。」一個爸爸說：「我們一直不用教育，上代把知識教導下一代，現在孩子都要給別人教……生活很苦，請給我們一點食物。」

這個爸爸見我們還想捐錢，馬上跟他一班孩子表演打獵。他們用鐵罐、樹枝作獵具和獵物，在地上滾動起來，孩子們滿面滿身都是泥土，而當有個孩子把沾滿泥的樹枝當作獵物放在口中咀嚼時，我們給了一點錢和食物便匆匆離開……實在不忍心再看他們為一點捐獻，放下尊嚴。

表演打獵

那一夜，我們入住了保育區外唯一一家旅館，因為旅館多次停電，我們走到戶外的員工房找救兵。一個博茨瓦納女生走出來說後備電修理中，讓我們一起在草地上等待。我跟女生說起遷徙營的布希曼難民，她說：「我們都不喜歡布希曼人，感覺他們是古代人，奇怪又矮小。」我知我沒有資格說甚麼，因為我不是受影響的一群。

星光下，女生只是輕輕用一塊薄巾圍著裸體，自在地睡在草地上。我笑她是瑪麗蓮夢露，只「穿」香水睡覺；她說她是大自然夢露，她只「穿」蚊怕水睡覺。我看著她那胴體，感受到她活得很自在，然後我跟星空說，願明天我能見到活得自在的布希曼人。

十七　　　野人

終於等到這一天，要去尋找非洲草原上真正「野人」的一天。

進入喀拉哈里保育區的路上經過一個小店，Jumanda囑我們買一小袋麵粉和一大袋煙草，說是給那野外十七名布希曼人的手信。到達保育區閘口，保育警察發現我們車廂裡的露營用具，問我們要在保育區做甚麼。Jumanda搶著說：「我們要逗留幾天看動物，所以要紮營。」保育警察笑說我們要小心晚上給獅子吃掉，便放我們進去。

「不可告訴保育警察我們是要找那十七人嗎？」我很疑惑。「不可以。他們是非法住在這沙漠，我們是非法找尋他們，假如被保育警察找到他們，他們將會失去家園，假如捉到我們，我們也要坐牢。」Jumanda雙眼沒離開倒後鏡中的警察，我驚訝瞪大雙眼：「原來你很聰明的！」Jumanda很認真地回答：「我被文明教壞。」

幾天的相處，這個怪人對我們的戒心放下了不少，他努力嘗試回答我各種問題，也開始主動分享他與族人怎樣在兒時活生生由一個野人，被變成現代人：被驅逐出沙漠、在遷徙營學習現代人語言、學習城市技能、學習工作。可幸是，城市還未奪走他對大自然的觸覺，Jumanda驅車向著大草原的心臟進發，他用肉眼就能發現幾公里外的野豬、長頸鹿和豹等等動物的蹤影，而他更大的野人觸覺，在於以一個早上找到「十七野人」。

烈日在曝曬，遙遠看到那些布希曼草包屋，就像海市蜃樓般在熱空氣中
飄呀飄，好不真實。Jumanda高聲叫喊了一句土話，有一些「野人」開始
在海市蜃樓中走了出來。十七個男女，又把我們圍了一圈當大猩猩般研
究，哈哈笑地說起他們的土話。

我親眼見證這班布希曼土人對著我展現出「歷蘇式」裂到耳邊的大笑容，
的確興奮莫名。土人沒有問我們要任何禮物，卻送出剛採來的野果；他
們也不知道族人中出了一個明星叫歷蘇，還拍電影賺了三百美金。

藍天白雲的沙漠邊際，只有笑聲，我知道我們終於找到沒被文明污染的
「十七野人」。

跟隨布希曼人的腳印，走在尋找他們的路上。

孩子雖然不認識歷蘇，但認識電影海報上的汽水。

有些布希曼人離開「文明」，返回原始的家，這夜，我留在他們旁邊，認識他們的世界。

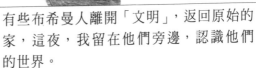

幸福的_抉擇

二○○三年是傷心的一年。

那一年的沙士,我們都消化不了,甚至惶恐得很多世界新聞也忽略,除了一則「歷蘇七月一日出門尋找木材不幸暴斃草原」。我愛的歷蘇死了。當時傷心的我,怎樣也猜不到今天的我來到他族人的天地,親眼看到一個個歷蘇的影子。

將獵物切開一塊塊,肌肉和脂肪會分開掛放。

進入了沙漠地帶,氣溫熱得像要把人都溶掉。隨一個布希曼叔叔走入他的草包屋。未入屋,先來一點原始味,屋旁樹幹掛滿了一條條動物內臟。草包內一仰頭,就撞到懸掛在茅草繩上的動物脂肪皮膏和仍滴住血的肉條,鞋子也撞到泥地上一盤黑漆漆的肉鍋。

我望向Jumanda:「他們就是為了這些肉從遷徙營偷渡回沙漠?」他懶得回答我,兩眼發光地向那個叔叔請求分兩塊小黑肉吃。見他們吃得津津有味,叔叔遞了一塊肉給我,我謝過這鼎鼎大名的山珍,爬出去草包外。

把買來的煙草拿出來，男男女女老老幼幼都興奮地開始抽煙，唯獨一個叫「L」的女孩靜悄悄地走過來，用簡單的英語告訴我，她在文明的遷徙營出生及長大，但因為爸爸和她的男人偷了鄰里的牛要坐牢，她被迫跟隨婆婆及族人回來沙漠。她很討厭現在的生活，說每天要四處採摘野果吃，根本吃不飽。她問我們可否帶她回城市，做回現代人，讓政府照顧。

我有點不知所措，望了望Jumanda，他搖了搖頭，調高車裡的音響，播放一首當地的流行曲，重複又重複。女人和小孩聽到音樂，聞歌起舞，在炎夏中扭動身體，而「L」也跟住跳舞，用汗水發洩她對命運的不滿。後來我知道，歌詞是這樣的：「我要結婚了，我可以嫁美國人，雖然他們的說話不好聽，我可以嫁英國人，雖然他們高傲，我可以嫁中國人，雖然我不懂中文，但，最重要是，我不要留在這裡，因為我要幸福……」

這是一首關於「選擇」的歌，那是一群尋找「選擇」的人。

最後一夜

第一次世界大戰前，德國殖民政府把布希曼人當作動物一樣獵捕。

「文明人」如此有計劃的種族滅絕，使人口從原來的十萬減少到瀕於滅絕的地步，倖存者被迫退居到沙漠地帶。現今政府說要養他們，他們卻寧可逃離溫室，我想他們為的是捍衛布希曼人的尊嚴。

「十七野人」跳著舞、燒著麵團燒著煙，等到下午四時多，太陽不太熾熱，男人開始準備布希曼民族的威風——狩獵。男的帶了木弓、毒箭和木棍，女的帶了小膠桶，浩浩蕩蕩出發。沿途「L」繼續抱怨，說她的腳丫在這些年走壞了，腳板的傷未好，而在沙漠裡永遠找不到她想要的食物和男人。她每天做的，就是拿小膠桶去幾公里外盛水。我同情她，但我無能力安慰她，因為我也正被沙漠上帶刺的草弄得滿手腳都是血痕。

🔥 搭營生火 🔥

我成為另一個的「L」，不斷向Jumanda投訴：「我在這裡多活一星期我必死，必死。」直至有一刻，Jumanda叫我安靜，指向前方——一個異常美麗的仙景鏡湖。鮮嫩的青草把鏡湖圍了一個圈，粉藍色的蝶在翩翩起舞，一大群飛鳥在翱翔。獵人們安靜引弓，對準飛鳥群。在親眼見證這場壯麗景觀，我跟Jumanda說：「我已經死了，我在天堂了。」

黃昏，我們陣容鼎盛地帶著兩隻攔到
的小麻雀回家。以為「十七野人」必
定會欣賞我們帶來的滿車乾糧，怎料
幾個叔叔幫我們拾過木柴、起完營
火，又回去吃他們的野味煲和小麻
雀，還示意我們一起分享。我跟同伴
互望，恥笑我們的小人之心，今天早
上怕食物給他們搶走，一直把車門鎖
得緊緊的。

那一夜吃飽飯後，「十七野人」走過來我們的營，感謝我們的探望，要在
星空下唱歌跳舞娛樂我們。我在做夢的邊緣，仍感到營火與律動。博茨
瓦納總統曾經公開批評布希曼人為「石器時代的動物」，原來「石器時代
的動物」比我們這群人類情感還要真摯。

偷運 人蛇

昨夜忘記了是在沙漠睡覺，臨睡前打開小帳幕的幕頂，浪漫地把星空當被鋪，夜半醒來，冷得手腳全發抖。即使整夜有不同動物在單薄的營布外，接二連三地撞來撞去，我們也無力反擊，終於等到太陽賜光予大地的一刻，生命力重燃，我們坐起來檢查身軀，沒有被獅子咬去一隻腳，無穿無爛。

透過微光，在附近找一些沒有野獸睡覺的小草叢，洗漱如廁後回營地收拾行裝。看看手錶，早上四點多，「十七野人」已在等候，要親自送別我們。雖然我們的溝通隔住一道鴻溝，但是這個早上要離別，我們和野人們都難掩心酸不捨之情，心底裡清楚，這樣一別，下世再見。

跟這班可愛的野人一一道別，Jumanda帶來了一家三口子，說媽媽的愛滋病情愈來愈壞，皮包骨的小兒子肚皮也脹得可怕。「我們要決定是否載他們一程到城市看病，假如載他們出保育區，我們便是偷運這班森林通緝犯；假如不載他們，他們要赤腳走上三天，也有機會被捉走。」我還未開聲，同伴一個馬上清空了車尾箱，一個找來麻布鋪好內裡，另一個攙扶三口子躲入車箱。就這樣，我們開始第一次偷運人蛇記。

🐾 偷運人蛇！ 🐾

記

沉甸甸的車跟著太陽方向走，有幾次車後方響起「啪啪」聲，以為是車子撞到石子，直到中途找了個休息點，打開車尾箱，才知道這安靜的一家人，想去廁所又不敢出聲，只拍了兩下車廂，忍著忍著等待。

給兩歲的小娃娃一包餅乾，他乖巧地在漆黑中坐了四小時，直至順利駛出保育區，娃娃被抱出車廂，他手上還是那包未打開過的餅乾。分離那一刻，小娃娃挺著大肚子給我們一個可愛小笑，然後跟爸媽繼續赤腳上路。我問Jumanda：「他們看過醫生後，要走多久才回到家？」「好彩的話，三個晚上吧。」願天上的歷蘇用星光引領這一家人。

再見了，我的歷蘇。

再見了，傳說中的布希曼野人。

再見了，我愛的十七位朋友。

（博茨瓦納→摩洛哥）

出遊前學一套三腳貓功夫，
成為世界旅程中打交道的前菜，和離別的甜品。
帶著功夫厚著面皮飛到世界另一處尋找電影夢，
我想，我真的天不怕地不怕了。

俠女打江湖・我呸

北非　電影夢

決定來摩洛哥，全因大家幾句戲言。

他說：「做傳媒的，誰沒想過拍電影。」

她說：「我們走遍世界後，下一步要走入電影夢！」

他說：「從南非走到北非，是否要到北非夢工場碰運氣？」

我說：「好！我要到摩洛哥找機會做一個偉大的茄喱啡！」

說摩洛哥是尋電影夢之地，因為有很多賣座荷李活電影都在這裡取景，*Gladiator*（2000），*The Bourne Ultimatum*（2007），*Alexander*（2004），*Romancing the Stone*（1984），*The Mummy*（1999），*Passion of Christ*（2004）等等等等，隨便一條街也會碰到大製作。

包成這樣會像俠女打扮，還是受傷？

當然，幻想和現實是有一點距離。專程坐幾小時的車從Casablanca來到Ouarzazate的百年村莊貝納度村，也就是*Gladiator*的主要場景，不要說找一個戲組人員，整個倚山而建的村莊，

人影也沒有多個。聽說百多年前這個貝納度村就像電影「和平飯店」，在沙漠路過的商人都要在這裡放下一點過路錢。現在，村的出口只剩下三個笨小孩在地上玩石頭。

店員在推銷水晶、寶劍，非常熱情。

我問笨小孩有沒有在這裡看過荷李活大電影，他們很淡然地說：「Gladiator，看過幾天，不有趣。」反而我告訴笨小孩我來自香港，他們馬上精神起來：「你懂成龍嗎？你懂功夫嗎？」我戲言：「當然，我正是來拍功夫電影的。」笨小孩的眼睛在日落已閃出星星：「請教我們功夫！」

就這樣，我在摩洛哥的第一個角色，就是國際著名武打影星；場景，聯合國世界遺產之一的貝納度村；時間，摩洛哥的第一個黃昏；內容，我扮演的武術大師，很認真地亂舞「功夫」，還亂舞身後的三個小笨孩。

或許，笨小孩的眼中，《醉拳》的成龍比 Gladiator 的羅素高爾還要英勇，我這個「功夫大師」比成龍的功夫還厲害。

要在夢一般的摩洛哥發電影夢，先要某程度去欺騙自己，聞說這叫方法演技。

抽水大監製

摩洛哥的日與夜相差甚遠，黃昏過後沙漠的沙塵隨黑夜之風而來，街上四處都是沙塵暴，怪不得我們的司機總是說摩洛哥男人很dry，因為他們缺乏夜生活。

一覺睡醒，再續電影夢。跟旅館的人打聽，當地人提議我們去片場碰碰運氣，說片場一年有一半時間都有外國戲組在場。二話不說直闖片場。

沒想到事情來得這麼順利，當到達Ouarzazate
片場的大門，就有一個男人走過來，說他是
片場的監製。我熱情地告訴他我們的來意，
想一嘗拍電影的滋味，他一口答應，只需
要先給他一點帶路費。付了款，跟這藝名為
Michael的大監製進入夢工場。先看到的是

在看我個人介紹影片的「大監製」

Gladiator羅素高爾進場的那道大門，還有The Mummy金字塔前的大佈景。令人驚訝的是，那麼令我震撼的偉大場景，近距離觀看兒戲得不得了，全是發泡膠和飛機木製成，偷偷用腳踢一下，那金字塔前的樓梯就裂開了一道發泡膠痕。

我著急地問Michael：「現在有哪個戲組在拍攝呢？我們應怎樣跟導演請求我們要做臨時演員呢？」Micheal沒有正面回答我的問題：「摩洛哥

的臨時演員有九千人，每日的收入大約二十五到三十美金。有些運氣好的臨時演員，經驗多了，就可以跟主角有對手戲，三個月前有個演員，得到了一句對白、跟畢彼特做對手，在片尾字幕還有他的名字。」

然後Micheal又繼續帶我們看 *Alexander* 等各大電影佈景，直至將近黃昏，我又問他：「哪個戲組在拍攝呢？」他才回答：「我們走了片場一圈，你不發現今天沒有電影在拍攝嗎？」我無語。他又說：「你給我電話，有製作我打給你。」我忽然感覺到他在我的背掃了一下，便推開他的手，帶隊友離開。

發泡膠金字塔

這夜又是一個沙塵夜，我想起司機說摩洛哥男人很dry，想起那騙財壞監製，還有想起我們睡醒了的摩洛哥電影夢。

233

（摩洛哥→埃塞俄比亞）

饑荒的小孩．回憶

貧窮的定義，對於他們來說，
是要用武器和族群的尊嚴來換錢換糧食；
貧窮的定義，於我來說，
是即使口袋裏有錢，也換不了糧食，
還有每夜睡覺時、肚子的空虛感。

行李 黑洞站

說起東非，我總懷念那年遊歷過的人間天堂肯亞，每天乘坐吉普車在大草原飛馳，國家地理頻道的節目在眼前播放，上千萬的斑馬犀牛大象羚牛獅子捷豹長頸鹿在車旁與你同行，還有那條星級大河，兩岸的動物大遷徙時濺起的水花。只是，美好的回憶只能細味，因為我不上天堂，今次選擇要下地獄，東非的埃塞俄比亞。

「行李黑洞」，名不虛傳。

說她是地獄之國，好像有點偏見，但當我們到達埃國首都 Addis Ababa 機場，四個成員，兩個（包括我）的行李遺失了。我數數全身裝備，只餘下一個跟身的小背包和幾十美元，的確有去了地獄的感覺。

相機舖找不到攝錄機⋯⋯

禍不單行，過海關之時，我們的攝影機也被扣留，原因是「機器過於專業而時尚，有運入境賣給當地商家的風險」。因此要我們付上八千美元保證按金。

饑荒的小孩
回憶

帶着無奈和氣憤走到當地旅遊局求助，門前遇上兩個正要離開的意大利人，他們也踫到一樣的問題⋯⋯攝影機被扣留，只是他們勸我們一句「不要在這裡浪費時間了，他們幫不了忙」，便走了。

我們被安排進一個辦公室，兩位旅遊局職員安慰我們，說我們帶那麼先進的機器入境易招小偷，對我們的旅程也不安全，又介紹景點，叫我們好好享受埃塞俄比亞。我看一看日曆，「2003-12-12」，我問：「我們走進了時光隧道嗎？」

「一點也沒錯」，旅遊局人員自豪地解釋：「我們埃國有別於世上所有國家，我們是用自己的曆法，一年有十三個月，第一至十二個月有三十天，第十三個月有五天，這一刻比你們遲了八年多。」

我終於明白海關的苦心：攝影機是二〇一一年的產品，也就是說我們帶著未來世界的東西、經過時光隧道進入過去，難怪入境會有危險；我也同時明白，遺失的行李絕對不是人為疏忽，而是消失在時間黑洞裡。

忽然間，我年輕了八年。忽然間，我覺得這個地獄很有趣。

拜見 大嘴族

從埃塞俄比亞首都 Addis Ababa 乘坐小型飛機向南部內陸區 Jinka 進發，目標是尋找 Mursi 村的大嘴族人。

這份好奇來自之前看到電視紀錄片中的大嘴女人成人禮片段。帶著「真有其族？」的心態，決定飛過去看看真人。我們當地的同行伴友 Jin 提醒我們，不要對行程有太大期望，因為整個 Jinka 區都沒有規則可言，所有事，看彩數。

飛抵 Jinka「機場」，我開始明白 Jin 的意思。飛機在空中盤旋了十多分鐘都未能降落，因為降落區聚集了幾十個男女老幼，他們既不怕危險也不怕阻街，就像在觀看煙花。一落機，村民一擁而上，這個幫你拿行李，那個說要為你做導遊，還有很多小手伸來要打賞。

機長話「很安全」，但飛機座位是鬆動的。

好戲在後頭。上了一輛小車駛進保護區，閘門站了一大群軍人，每一名軍人都手持 AK-47 突擊步槍，Jin 要我們付上七百 Birr 當地貨幣（當年約三百多港幣）請一名軍人同行。我問 Jin：「他們為甚麼手持重型器械？」Jin 輕聲回答：「他們要保護族人，也要保護你們。」我不敢再多問甚麼，因為一位持槍的軍人已在我身旁坐好了。

（一）

沿途的泥路上，不時有幾個不同部族的人阻擋去路，他們從頭到腳畫滿鮮豔的圖案和紋身，手持長矛，我忍不住拍照。只是閃燈一亮，族人就跑過來凶猛地拍打玻璃，要我們給拍照費。Jin幫我付了「路費」，又給我們多個叮囑，「我沒有

持槍軍人和導遊帶我們入保護區

說可以拍照，你們就別拍了，因為你們將不夠錢離開這保護區。」管錢的同伴把我手上僅餘的貴重小相機收起來，連同她的錢包擁得緊緊的；我開始估計，到底還要付多少錢才看到大嘴族人。

到我們離開保護區那一刻，終於找到答案，是4800Birr（約2000多港幣）。只是我們都弄不清，錢其實是用在哪裡，又其實是給了誰。

土著部族有各自的文化和生活習慣

罕見 大嘴族

跟隨持槍軍人到達了第一個Mursi大嘴族群,大嘴女人都聰明地躲起來,Jin說要跟族群首領商討「入場費」,便與軍人下了車。

胸膛的凹凸紋身,是成人的象徵。

從車窗看出去,這個族群有十多個草包屋,三四十個男人聚在樹底,同伴發現其中幾個也手持AK-47,驚叫了一聲。你試想像,一班包裹著布的紋身黑土人,手持現代武器,畫面是何等古怪和可怕。視線很快從遠處拉回窗邊,一群年青族人已走到眼前。單看身體,就知道他們剛剛完成成人禮,男孩的胸膛都是一個個傷口,皮肉被割開、等待結成凹凸紋身,蒼蠅在紅白的傷口上走來走去,我差點嚇暈在車內。

Jin回來,告訴我們這個族群要收取6500Birr(約3000港幣)才讓我們看大嘴女人,管錢的同伴也差點嚇暈,我急急叫Jin離開,去尋找其他「便宜」一點的大嘴族。在二三十個小族人拍打玻璃窗的「砰砰」聲中,我們逃離了。別人在東非獵奇找Big Five,我們在東非獵奇找平價土著。Jin跟第二個族群首領商議了「舒服價」4000Birr,我們終於下車,而族群的女人也一一出場,讓我們作近距離接觸。

（二）

稱Mursi女人為大嘴女人，因為她們把嘴唇切開一個洞，套上土製圓碟，由三公分小圓碟開始，最後嘴唇可放達二十公分大圓碟。這個有點嚇人的習俗，傳說是為了防止邪魔從口進入身體，而Mursi男人也認為「嘴」愈大，女人愈有吸引力。

不難估計接下來的情景吧。

幾十個Mursi女人圍住我們，一些忙著把圓碟從嘴唇拿出套入，一些示範喝東西，一些忙著脫掉上衣、展示凹凸紋身。目的？要你為她拍照，然後拿打賞。混亂之間，有幾個女人為了「搶鏡」而打架，也有小孩意外被族人打傷，我們的埃塞俄比亞部落之旅就在這裏終止。

Mursi女子結婚那刻，便把嘴唇切開，放上瓦碟。

離開保護區，我問Jin：「這些族群五十年前才被世人發現，短短五十年時間，是甚麼令他們那麼渴求金錢？」Jin回答：「有誰不渴求金錢？」我忽然懷念博茨瓦納那十七野人，相近的背景，相近的土人卻有那麼天與地的區別。

是因為人性本善？人性本惡？

至少三百名親友到場，祝福一對新人。

埃塞俄比亞已不是我們刻板印象中那麼
赤貧，市集也相當熱鬧蓬勃。

Mursi族人臉上的紋繪，是每天早上重新
畫的。

非洲美人

離開保護區，心情一直很難過，認為自己成為污染大嘴族人的一分子。Jin見我和同伴都有點難過，說要帶我到當地的 Key Afar 市集，他說那裡的小販多麼友善，也沒有人會叫你給拍照費。

到達市集，朝氣重回。這份快樂的感覺，不是因為 Key Afar 有甚麼好東西能吸引我們瘋狂購物，而是 Jinka 區不同族人都會聚在一起：紅髮鬢辮的 Hamer 族，手長腳長的 Banna 族，還

在市集尋找合適的結婚禮物！

有全身都是油彩及珠鍊的 Turmi 族等等。這些婦女很快樂地逛街，我也快樂地欣賞她們的 fashion trend，頭戴用瓜囊風乾的帽子、肩掛葫蘆手袋，還在選購地攤上天然的染髮粉，或是牛皮造的皮衣，銅製的頸掛飾物，還有一些媽媽帶著待嫁女兒在攤檔中尋找陪嫁物，喜氣洋洋的氣氛比得上在香港名店街血拼的女人。

Jin 教我分辨這裡女人的地位，因為 Jinka 區奉行一夫多妻制，女人要別人知道自己是第幾房太太就要看頸上的飾物。正室會戴上水牛皮和銅合製的頸環，二房戴上兩個銅環，三房只有一個銅環，四房以後只有膠

環。我們經過一個攤檔，Jin看上了一張小木椅，檔主竟然說若我嫁給他做他的第五房，就可以送那張小木椅給Jin！

Jin很誠懇地跟我說：「你應該要認真考慮，因為那檔主是富有人家，嫁給他你可以得到一隻山羊和兩棵蕉樹當聘禮。更重要是，埃國女人那麼美麗，他看上你是你的幸運。」我反駁不了他，因為我也很認同埃國女人特別美，她們有別於很多非洲國家女人，膚色明亮，明眸如水，鼻樑挺直，身形纖柔，親眼見證過，更明白為何埃國美女總會成為各個世界選美大賽的常客。再看看我身旁的Jin，也發覺埃國男生也不錯，個子高挑，腿長肩直，是一等一的模特兒身材。

Jin仍然緊緊握著他心愛的小木椅，兩眼發光地等待我的回覆。我從背包掏出一元美金遞給他：「我今天習慣了派錢，這是給你的結婚預付費。只要你在旅程用心好好的服待我，我考慮將來娶你為我的五郎吧！」

富翁的女婚禮

經歷幾天沒洗澡的時光，終於由埃塞俄比亞的落後地域回到先進的首都，Addis Ababa。

說是先進，當然也不要有太多奢想。然而，以埃國為全非洲其中一個最貧窮的國家作指標，Addis Ababa的市中心四處可見幾層高的大廈、有冷氣的旅館、比較清潔的餐廳，已經算是很不錯。話說回來，來首都除了想找間旅館好好洗澡外，更重要是在facebook認識了一個邀請我們參加她人生盛事的朋友Selam。

一對新人Selam和Yewogenhe

走到約定的Central Park去尋找Selam，發現大草地上盡是一對對穿著禮服的新人，白紗群中，終於找到新娘子Selam！她正與新郎Yewogenhe在草地上行禮。Selam見到我們幾個香港人異常興奮，她一邊叫攝影師把我們也攝入鏡，一邊笑說：「有外國朋友見證人生大事是在面子上貼金，城市的爸媽們都要面子。」我當然也樂於做親切的金子。

埃國的結婚儀式跟西式婚禮很相近，而最大的分別是多了一隊職業歌舞團，伴隨新人在大草地唱歌跳舞，他們為Selam唱遊完花園，又急急腳為第二對新人伴唱。Selam告訴我，在埃國最賺錢的職業都是跟結婚有

關的，而且普遍還比其他職業多賺一倍。賺得特別多，因為埃國人非常重視喜事。「埃塞俄比亞人以短壽見稱，全國人均壽命只有四十三歲，所以我們每見到親戚朋友，第一句話就是『願神賜你健康』，也因為要及時行樂，所以我們都願意把所有財富放在人生最重要的喜事上。」

那個黃昏，Selam 跟 Yewogenhe 邀請我們在一個類似社區會堂的地方飲宴，雖然沒有冷氣，食物也不算豐富，但見幾百名賓客也很落力地歡呼，我深信她的爸媽感到很體面。

Selam 在我耳邊偷偷說：「我意外懷孕了，所以要急急結婚，怕親友看不起我們，所以我和丈夫籌了40000Birr（約17000港幣）舉辦這大型婚禮，你知道40000Birr是多少嗎？」我說：「我知道埃國上年（二〇一〇年）全年人均收入約三百美元，我知道40000Birr是很多很多錢。」

Selam 用她閃亮的大眼睛看著我：「你覺得值得嗎？」我捉住她的手：「很值得，這簡直是富翁的婚禮。」

Selam 滿足地笑了，又跳進舞池去。

祈　求

在埃塞俄比亞，我肚子總是餓。

主觀角度上，是因為以往對埃塞俄比亞的認識，就只有一個畫面，那幅舉世著名的新聞黑白照，一個皮包骨的垂死嬰兒和嬰兒身後等待開餐的禿鷹。

客觀角度上，埃塞俄比亞在一九八〇年代，由於新政府的經濟政策失利，埃國出現前所未有的饑荒。糧食不足的問題到今天還是困擾著埃國，優質食物在這裡既罕又貴。

記得一天我們在市區找了一家餐館吃午飯，食物都帶有酸臭味，我吃了一口便放下刀叉，服務員見我停了手，把我那一碟食物珍而重之地端回去。我很快便後悔沒有把食物吃乾淨，因為在首都以外的城市要找吃的地方非常困難，整個晚上我都睡不著，肚餓得發瘋。

又有一天因為「餐館」的環境很惡劣，戶外的桌椅滿是蟲蟻在爬，我只是喝了一杯埃塞俄比亞咖啡，那夜又是餓住肚子睡覺。

把我們從內陸區Jinka送回首都Addis Ababa的英國機師跟我分享肚餓經歷：「我在埃國的飛行日記，寫得最多的都是『今天食物很難吃』和『今

天吃得不飽』，所以每當我回到英國吃飯有剩菜時，我就會想想在這裡吃不飽的感覺，然後把食物好好清掉。」

因為遺失行李和盤川用盡，埃塞俄比亞成為我遊歷非洲的尾站。回到香港那夜，家人見證變成「黑火柴」的我，一個人吃乾淨五個小菜和三碗飯。及後整整一個星期，腦袋總是給我一個肚子很餓的信息，令我每天都狼吞虎嚥地吃東西，誓要把瘦掉的八磅吃回來。

日子再過多一點，我又開始去 high tea、吃自助餐、點一桌用來裝飾體面的菜……然後有一天，我在新聞上看到埃國時至今天，仍然有一半人口長期陷於飢餓……我心很痛很慚愧，原來我已經遺忘了飽肚的珍貴和喜悅。

我祈求自己對食物和總是餓著肚子的埃塞俄比亞人民多點尊重，也祈求您從今天開始，跟我一起只點吃得完的菜。

感激，共勉之。

思考十二年後

十二年前，十二年後。

我把從前的旅遊日記一一翻出，發現很多回憶開始模糊。但讀著讀著，這些在十二年前的地球上、所遇見的天使，還有和他們相處的碎片，便又一塊一塊浮現。在非洲完結這個半年的旅程之後，我把自己關在家裡差不多兩個星期……面臨前所未有的迷失，也不知道為甚麼我總是偷偷落淚。

好幾個晚上，我夢見這場旅程遇到的人，他們與我淚眼望淚眼。後來我得知這是因為太過密集的行程，旅遊結束而得的一點後遺症。遊歷了太多發展中國家，我感受到我在各地認識的朋友，他們正在經歷貧窮、經歷命運的選擇、經歷尊嚴和生命的威脅……忽然之間，世界變得太沉重，我每時每刻也在思考很迫切的人生課題。然後，我問自己，在這半年的人生速成班，我得了甚麼，我失了甚麼。

我得的，是無數的情；我失的，也是無數的情。我有時很怪責在路上的多情，但我更責怪自己在旅遊過後、沒有好好處理每一段難忘的關係。說起來，讓我最痛的，必定是美國的水男人Dave。在聖地牙哥，我一直是跟Dave的朋友電話聯絡，回到香港之後打了幾次給他的朋友，留了言，沒收到回覆，然後我理所當然地開始自己生活的忙碌。直至有一

自又現在

天，一個觀眾寄了信來公司，告訴我他去了探望水男人，而水男人說一直在等我，還給了我Dave家的電話號碼。我打了給他，他非常高興，熱情地跟我分享近日的點滴——他的獨眼小狗，還有他因為健康變差而減少上街派水。

來回了幾次電話，忙碌的生活和工作讓我又開始遺忘了他。直至有一年、一個聖誕前夕，我收到一個海外郵包，一打開，是水男人一張照片、他穿過的兩件衣服和一頂帽，我嚇了一跳。那個聖誕夜我打電話給他，水男人說他的老人病愈來愈差，已經開不了車，只是經常落街走走。

又是幾次的來回電話，然後我又重回忙碌。終於有一天，我意外地在網絡上得知水男人離世的消息，我傷心自責，想起他家那個地球儀、那個用線連在一起的P和D，而我卻因為各種藉口，沒有好好跟他道別，從此世界上少了他。

另一個至今還在自責的，是博茨瓦納十七野人中的L。時至今日，我還清楚記得她當時說著在野外生活得很痛苦的表情，還有著我帶她回城市的哀求。她想在工廠找一份文明工作，她想到城市找男人，她想我給她重生的機會，但我當時不想負這個大責任，也怕她的族人生氣，所以我並沒有應承她。我今天仍然在想，假如那一刻我選擇帶她返回城市，她

的命運會改寫嗎？她會活得快樂嗎？她會找到一個愛他的男人嗎？她會有屬於自己的家庭嗎？

還有，很多在旅遊中建立的友誼：火車上偷偷給我煮飯的大隊長徐哥哥、經歷日本海嘯的啤酒醉男 Carson、陪我跳舞陪我瘋的俄羅斯嫲嫲、讓我敬佩的型格女英雄羅馬尼亞公主、拐著腳去拿汽水給我的墨西哥爸爸、一見如故的復活島小美人 Tami、博茨瓦納那個慢熱而善良的 Jumanda，還有邀請我參加她人生盛事的埃塞俄比亞 Selam。

我開始怪責自己，這一份份用心感受、建立的友誼，我卻只是把他們放進我的電腦，寫在我的旅遊日記，然後蓋上。

你們還好嗎？還活著嗎？還快樂嗎？還在為人生掙扎嗎？

到今天，我還有聯絡的，就只餘下一個天使——在西伯利亞火車遇上的美國人 Mark。他這些年一直在慈善機構工作，致力為經歷過創傷的病人作輔導。最近 Mark 正在孟加拉工作，我們在網上又開始想當年，說起那趟火車，說起以隆隆聲做背景音樂的故事。然後 Mark 很驚訝地問我：「真的十二年了嗎？」我說：「真的十二年了，我比以前飛少了，變回一個陸地人，結了婚，做了一個簡單的妻子。」還是單身的 Mark 說：「我沒

想到你會安穩過日子，我還記得，在火車上，你說你要一生遊走世界、經歷世界。」

寫著後記的這一刻，我正在飛機上，剛完成哥倫比亞和厄瓜多爾的旅遊拍攝。旅程中，我不停思考Mark的說話，思考以年計算的旅遊人生、思考世界、思考十二年後的現在。然後，我想起那些在世界各地遇上的天使們，我竟然在他們身上找到了答案。他們窮一生努力追求的，不正正都是一個安穩的家。

上機前，我回覆Mark：「我願一生遊走世界，經歷世界，然而，我的世界也是一個家，一個可讓我分享歷程的家。」

每一位在地上遇見的天使，感謝您們，祈求您們也找到讓你分享世界的家。也願，我們在心中的地球儀上，跟所有愛的人，用線緊緊連起來，一起幸福下去。

在地上遇見天使

作者	黃翠如
內容總監	曾玉英
責任編輯	何敏慧
書籍設計	Joyce Leung
相片提供	黃翠如、Getty Images
鳴謝	有線電視

出版	天窗出版社有限公司 Enrich Publishing Ltd.
發行	天窗出版社有限公司 Enrich Publishing Ltd.
	香港九龍觀塘鴻圖道78號17樓A室
電話	(852) 2793 5678
傳真	(852) 2793 5030
網址	www.enrichculture.com
電郵	info@enrichculture.com
出版日期	2023年6月初版
	2023年8月第二版

定價	港幣 $138　新台幣 $690
國際書號	978-988-8599-99-8
圖書分類	（1）心靈勵志　（2）旅遊